dtv

Die Kunst zu leben ist die Kunst, mit vollkommener Hingabe den Augenblick zu leben. Diese wache und genießerische Aufmerksamkeit für das Hier und Jetzt zurückzugewinnen und so zum Meister des eigenen Lebens zu werden, ermöglicht John Selbys einfühlsames Persönlichkeitstraining. Seine speziell entwickelten Meditationstechniken stellen das harmonische Gleichgewicht zwischen Verstand und Sinnen, Emotionen und Intuition wieder her. Sie eröffnen jedem Einzelnen den Zugang zu seiner inneren schöpferischen Kraft, zu Selbsterkenntnis und emotionaler Heilung.

John Selby ist Doktor der Philosophie, Psychologe, Bewusstseinsforscher, Pädagoge, Unternehmensberater und Autor zahlreicher Bücher, darunter: ›Die Kunst, allein zu sein‹ (1999). Er lebt auf Hawaii.

John Selby

DIE KUNST ZU LEBEN

Glücklich im Hier und Jetzt

Aus dem Englischen von
Barbara Christ

Deutscher Taschenbuch Verlag

Ungekürzte Ausgabe
September 2002
Deutscher Taschenbuch Verlag GmbH & Co. KG, München
www.dtv.de

Titel der amerikanischen Originalausgabe:
Born to Master. Attaining Perfection in Everyday Life

Umschlaggestaltung: Balk & Brumshagen
Umschlagfoto: © Getty Images Stone/Gary Wade
Satz: Schaber Satz- und Datentechnik, Wels
Gesetzt aus der Optima 11,7/14,95 Punkt und der Futura 13 Punkt
Druck und Bindung: Druckerei C. H. Beck, Nördlingen
Gedruckt auf säurefreiem, chlorfrei gebleichtem Papier
Printed in Germany · ISBN 3-423-36287-1

Inhalt

EINLEITUNG

Werden Sie zum Meister Ihres Lebens

Die Kunst zu leben ist vielschichtig und doch immer verknüpft mit Augenblicken vollkommener Hingabe an das Leben. Augenblicken, in denen die Zeit aufgehoben scheint und uns ein ganz neues Bewusstsein durchdringt. Unser Leben besteht aus unzähligen Augenblicken und doch erleben die meisten Menschen nur einen winzigen Bruchteil davon bewusst. Mit diesem Buch will ich Ihnen zeigen, wie Sie selbst zu einem Meister Ihres Lebens und somit zu einem Meister Ihrer Augenblicke werden können.

Wir neigen heute dazu, das Wort Meister in einem sehr speziellen und engen Sinn zu gebrauchen, wenn wir es zum Beispiel in Bezug auf einige außergewöhnliche spirituelle Führer oder internationale Schach- oder Golfmeister verwenden. Manchmal sagen wir auch von genialen Musikern und Schriftstellern, sie seien Meister auf ihrem Gebiet. Und es mag auch einmal vorkommen, dass wir einen begabten Tischler in Anerkennung seiner außergewöhnlichen Kunstfertigkeit als Meister seines Fachs bezeichnen.

Ich hingegen möchte mich in meinen Ausführungen näher mit einem tieferen Verständnis von Meisterschaft befassen, einer Veranlagung, die in jedem von uns existiert, selbst wenn wir mit dem, was wir tun, nicht berühmt geworden sind. Und ich möchte den Begriff der Meisterschaft auf jeden Akt des Denkens oder Handelns ausdehnen, den wir mit Anmut, Sicherheit, Vergnügen und Vollendung ausführen.

Wenn wir zur richtigen Zeit das Richtige tun, wenn wir uns rundum wohl fühlen und im Einklang mit unserem innersten Selbst sind, wenn wir unsere volle Aufmerksamkeit auf die Gegenwart richten und auf das, womit wir uns gerade beschäftigen – dann sind wir in eben diesem Augenblick in der Tat dazu fähig, den Status eines Meisters zu erreichen, was immer wir auch gerade tun, ob wir den Abfall hinaustragen, unseren Liebsten zum Abschied einen Kuss geben oder eine Operationsnaht setzen.

Das Thema ist natürlich unerschöpflich. Tausende Seiten könnte man über die philosophische und theologische Bedeutung dieser besonderen menschlichen Fähigkeit füllen und hätte doch ihre Relevanz für den Aufstieg und oft auch für den Niedergang von Kulturen im Verlauf der Geschichte nicht in all ihren Aspekten erfasst.

In meinem Buch möchte ich einen entgegengesetzten Blickwinkel einnehmen. Ich konzentriere mich auf unsere persönliche Erfahrung der Vollkommenheit in der Gegenwart, die sich einstellt, sobald wir jenen besonderen Bewusstseinszustand erreichen, der uns zu meisterhaftem Handeln befähigt.
Wir alle wissen, dass wir nur dann wirklich etwas lernen, wenn wir etwas Neues *erfahren*, und nicht, wenn wir nur darüber lesen. Dies ist der Grund, dass ich Ihnen von Zeit zu Zeit nahe legen werde, dieses Buch für einige Augenblicke zur Seite zu legen, damit Sie ganz bewusst Ihre volle Aufmerksamkeit nach innen richten können, auf Ihre eigenen Erinnerungen, Gefühle und Einstellungen, und vor allem aber auch bestimmte einfache Techniken und Meditationsübungen anwenden können, die Ihnen sofort einen tieferen Zugang zu Ihrem eigenen Potenzial an Meisterschaft eröffnen. Auf diese Weise kann ich Sie durch denselben Lernprozess führen, durch den Sie auch in einer persönlichen Zusammenarbeit mit mir gehen würden. Diese Stellen sind im Buch mit folgendem Symbol gekennzeichnet:

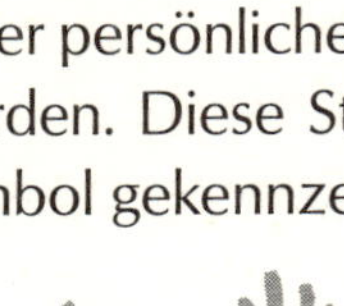

Beispielsweise werden wir aus verschiedenen Blickwinkeln Ihre Kindheit betrachten, damit Sie für sich selbst herausfinden können, welche Erfahrungen der Vergangenheit Ihre gegenwärtige Einstellung noch immer prägen. So können Sie damit beginnen, aktiv die Grenzen Ihres Selbstbildes zu erweitern und sich von alten Bedenken und Zweifeln zu befreien, die Sie gegenüber Ihren eigenen Fähigkeiten hegen.

In fast jedem neuen Kapitel werden wir uns auch die Zeit nehmen zu erkunden, wie Sie schneller jenen besonderen Bewusstseinszustand erreichen, der Sie meisterlich ausführen lässt, was immer Sie in diesem Augenblick gerade tun. Sowohl in bewährten psychologischen und therapeutischen Anwendungen als auch in den überlieferten spirituellen Traditionen gibt es sehr effiziente Techniken, mit denen die Meisterschaft in uns zum Leben erweckt werden kann, und ich hoffe, Ihnen diese Techniken auf vergnügliche und anregende Weise erfolgreich vermitteln zu können.

Die Kunst, mit Hingabe zu leben hängt, wie ich schon angedeutet habe, vollkommen von der Geistesverfassung ab, in der Sie eine geistige oder körperliche Aufgabe vollbringen. Wenn ich von jenem besonderen Bewusstseinszustand spreche, der Sie zum Meister Ihres Lebens werden lässt, meine ich damit nicht irgendeine übersinnliche Besessenheit, die Sie überkommt, sondern genau dieses unvergleichliche Gefühl, das Sie plötzlich durchdringt und in vollkommene Harmonie mit der Gegenwart bringt, sodass Sie Ihre Handlungen oder Gedanken wahrhaft mit Anmut und Sicherheit, mit Gelassenheit, Vergnügen und physischer Präzision ausführen können.

Bestimmt haben Sie dieses Gefühl selbst schon Tausende Male empfunden, wenn Ihr Fühlen, Ihr Denken und Ihr Bewusstsein sich plötzlich zu einer harmonischen Einheit erweiterten und Sie zumindest für einige Augenblicke vollkommene Übereinstimmung mit allem verspürten, was Sie umgab. Die meisten von uns erleben ein tiefes Gefühl von Glück, wenn sie in diesen flüchtigen Zustand der Gnade eintreten, in dem wir irdische Augenblicke und Aktivitäten plötzlich intuitiv in ihrem wahren Wesen vollkommener Anmut und Harmonie erkennen. In diesem Augenblick stellt sich der Wunsch ein, jeden Moment des Lebens mit diesem Gefühl der Vollkommenheit erleben zu können.

Die wahren geistigen Meister, die in ihrer Mehrzahl unerkannt durchs Leben gehen, sind in der Tat Menschen, die diese Herausforderung bestanden haben, ständig oder zumindest weitaus häufiger als wir anderen im Bewusstseinszustand des vollkommenen Einsseins mit dem Augenblick zu leben. Sie haben es nicht nur bei einem bestimmten Ereignis, bei den Olympischen Spielen oder am Konferenztisch zur Meisterschaft gebracht – sie sind an einem Punkt angelangt, wo sie all ihre Bewegungen, gerade die einfachsten und alltäglichsten, mit einem solchen Grad an Bewusstheit und Koordination ausführen, dass sie Gelassenheit, Anmut und innere Harmonie ausstrahlen.

Eine der schönsten menschlichen Eigenschaften ist, dass jeder von uns mit dem natürlichen, instinktiven Bedürfnis geboren wird zu meistern, was immer ihm an Herausforderungen begegnet. Es ist bemerkenswert, mit welch unstillbarem Hunger Kinder eine Vielzahl von grundlegenden Bewegungen und Lauten, Gedanken und Gefühlen lernen, die sie befähigen, auf diesem Planeten zu überleben und Erfolg zu haben. Ohne diesen naturgegebenen Hunger, erfolgreich zu lernen, würde die menschliche Rasse einfach aufhören zu existieren.

Dieses spontane Bedürfnis, Aufgaben zu meistern, ist in unserer Kindheit und Jugend allerdings auch in hohem Maße anfällig für emotionale Schädigungen und Verletzungen. Herabsetzende Kritik, der Mangel an guten Lehrern, die Entwicklung eines geringen Selbstwertgefühls – jede neue Herausforderung, die ein Kind annimmt, bringt die Gefahr mit sich, dass es verletzt wird und dass der natürliche Antrieb, Aufgaben zu meistern, im Keim erstickt statt gefördert wird.

Jeder von uns hat in der Tat auf diese Weise Schaden genommen, der eine mehr, der andere weniger - selbst mit den besten Eltern und Lehrern; es gehört zum Leben dazu, dass wir aufwachsen, so gut es geht, und dann als Erwachsene lernen, die Beulen in unserer Persönlichkeit auszuklopfen, um so immer weiter voranzugehen auf unserem Weg der Vervollkommnung.

Meine Hoffnung ist, dass sich dieses Buch als lebenslanger Begleiter bewähren wird, als Hilfe auf Ihrem Weg, mit frühen Schädigungen fertig zu werden und sich Schritt für Schritt zu entfalten, auf welchem Gebiet auch immer Sie dies möchten.

Dabei sollten Sie jedoch nie aus dem Auge verlieren, dass die Kunst, das Leben zu meistern, nicht eine letzte Errungenschaft in einer fernen Zukunft ist - sie ist vielmehr ein besonderes Gefühl, zu dem Sie in jedem Moment Ihres Lebens Zugang haben. Meisterschaft hat auch nichts mit Wettbewerb zu tun. Mit anderen in Wettstreit zu treten, kann sicher dazu beitragen, dass Sie Ihre Leistungsgrenzen weiter hinausschieben, aber letztlich liegt es im Wesen der Meisterschaft, über jeden Wettbewerb erhaben zu sein. Sie findet genau hier statt, jetzt, bei diesem Gedanken oder dieser Aktivität! Ganz unabhängig davon, welche Entwicklungsstufe Sie bis heute erreicht haben, können Sie in jedem Augenblick Ihren natürlichen Antrieb zur Meisterschaft aktivieren und dadurch Ihre alltäglichen Gefühle und Bewegungsabläufe in schöne, eindringliche Erlebnisse verwandeln.

Wir sind unsere eigenen Meister, jeder von uns, wenn wir die grundlegende Fähigkeit beherrschen, die Vollkommenheit in uns zum Leben zu erwecken. Und wir sind erst recht Meister, wenn wir sie auch in den Menschen fördern, die um uns sind. Statt danach zu streben, besser zu werden als unsere Freunde, können wir einander helfen, gemeinsam höhere Grade der Vollkommenheit zu erreichen. In diesem Geist entstehen wirklich große Gemeinschaften, Länder und Planeten. Und somit stellen wir uns einem der bedeutendsten Themen der Menschheit, wenn wir uns der Frage nach unserer persönlichen Meisterschaft öffnen.

In den zwölf Kapiteln dieses Buches möchte ich meine persönlichen Erfahrungen und die Methoden meines Fachs mit Ihnen teilen, ebenso wie die Einblicke und Reflexionen, die ich der Begegnung mit vielen Meistern verdanke, von denen zu lernen ich das Glück hatte.

Ich hoffe, dass Sie mit dem gewonnenen tieferen Verständnis Ihrer eigenen Meisterschaft beginnen werden, solche Seelenverwandte auch in anderen zu erkennen, sodass Sie, wo immer Sie auch hinkommen, Lehrer finden werden, die Sie auf dem eingeschlagenen Weg geleiten. Und ebenso hoffe ich, dass andere, die lernen wollen, was Sie bereits beherrschen, in Ihnen einen Lehrer finden werden.

Zum Schluss möchte ich noch erwähnen, dass Sie den Weg zur Vollkommenheit von Beginn an niemals mit harter Schinderei und Disziplin ohne jeden Spaß in Verbindung bringen sollten. Was Sie erwartet, ist vielmehr ein Vorgang permanenten Vergnügens, ganz egal, wie hart Sie auch daran arbeiten voranzukommen.

Die wahren Meister im Leben sind jene, die jeden ihrer Schritte in vollen Zügen genießen, in dem Wissen darum, dass es kein absolutes Ziel zu erreichen gilt und dass jeder noch so kleine Schritt zu einer neuen Herausforderung führt. Also genießen Sie den Weg zu Ihrer eigenen Meisterschaft! Werden Sie zum Meister Ihres Lebens.

KAPITEL EINS

Jeder Mensch ist vollkommen!

Wenn wir vorhaben, etwas Neues zu lernen, sei es eine Balltechnik oder ein Strickmuster, ein Computerprogramm oder ein uraltes, monotones Mantra, beschäftigen wir uns normalerweise zunächst einmal in Gedanken mit den speziellen Fertigkeiten, die wir lernen müssen, um die neue Aufgabe meistern zu können. Ohne Zweifel sind für die Bewältigung der meisten Aufgaben im Leben Erkenntnisse erforderlich, und es ist wichtig, dass wir unseren Verstand zu gebrauchen wissen, wenn wir etwas Neues lernen.

Doch möchte ich von Anfang an betonen, dass es vor allem unsere natürlichen Instinkte sind, unser genetisches Erbgut, die uns dabei helfen, eine neue Aufgabe zu bewältigen. Der innere Drang, Herausforderungen zu meistern, ist uns buchstäblich angeboren. Unser Verstand kann uns dabei helfen, Bewegungsabläufe und Denkprozesse zu begreifen, die die jeweilige Aufgabe erfordert. Wenn es uns jedoch nicht gelingt, unseren Instinkt mit einzubeziehen, der uns über die reine Technik hinaus zum wirklich vollkommenen Handeln führt, werden wir es nie zur Meisterschaft bringen.

Schon gleich nach unserer Geburt verspürten wir instinktiv den Drang, die ersten, lebenswichtigen Laute und Bewegungen zu meistern. Legen Sie das Buch zur Seite und überlegen Sie einmal, was Sie alles instinktiv konnten, nachdem Sie soeben das Licht der Welt erblickt hatten!

Wir neigen dazu, uns Babys als vollkommen hilflose kleine Wesen vorzustellen, die überhaupt noch nichts allein tun können. Nachdem ich vor noch nicht allzu langer Zeit wieder Vater geworden bin, kann ich jedoch aus eigener Anschauung bezeugen, dass Babys von Anfang an aktiv damit beschäftigt sind, die Aufgaben zu bewältigen, die sich ihnen stellen.

Zum Beispiel lernt ein Neugeborenes sehr schnell, wie es sein Verhalten vervollkommnen kann, mit dem es seine liebevollen Betreuer herbeizitiert, wann immer es hungrig ist oder sich unwohl fühlt – oder einfach Gesellschaft haben möchte.

Wir Erwachsenen verfügen über eine Reihe von komplexen und ausgefeilten Handlungsweisen, die uns zu der Nahrung verhelfen, die wir brauchen, zu dem Zuspruch, nach dem wir hungern, oder zu der Gesellschaft, die wir uns wünschen. Säuglinge führen eine effektvolle Aktion aus, die demselben Zweck dient – und sie machen das bemerkenswert gut. Sie wissen ihre Stimmbänder auf eine Weise zu gebrauchen, dass ihre Umgebung fast umgehend darauf reagiert.

Mit den Jahren werden die Lautäußerungen immer komplexer und es werden immer neue Dimensionen der Kommunikation erschlossen – ein kontinuierlicher Lernprozess, eine Meisterleistung, die wir von Kindesbeinen an vollbringen.

So war also jeder von uns von Anfang an damit beschäftigt, die Möglichkeiten seiner Stimme zu entfalten und stetig zu vervollkommnen. Daneben gab es noch eine andere große Tat, die wir sehr schnell von einer instinktiv gesteuerten in eine meisterhaft beherrschte Aktion verwandelten – wir experimentierten mit unserer Fähigkeit, eine bestimmte, komplizierte Muskelbewegung wieder und wieder auszuführen, um dadurch ein Vakuum in unserem Mund und unserer Kehle zu erzeugen und auf diese Weise die lebenswichtigen Flüssigkeiten in uns hineinzusaugen, ohne die wir sehr schnell gestorben wären.

Ich beobachte an meinem neugeborenen Sohn, wie er dieses Kunststück des Saugens Tag für Tag erforscht und dabei lernt, auf immer effizientere

Weise seine tägliche Ration zu sich zu nehmen. Und ich habe den Eindruck gewonnen, dass er nicht nur schon ziemlich perfekt dabei geworden ist, sondern dass er auch Gefallen an seiner Fähigkeit findet, sich selbst seine Nahrung von der mütterlichen »Zapfstelle« zu verschaffen.

Wir haben hier also einen Meister in Windeln vor uns.
Jeder von uns, so nehme ich an, war ein Meister in Windeln auf dieser elementaren Stufe. Und doch neigen wir zu der Vorstellung, dass wir als Säuglinge hilflose, passive Schutzbedürftige unserer Eltern waren, unfähig, irgendetwas perfekt zu können. Blicken Sie an dieser Stelle wieder zurück und überlegen Sie, welches Bild Sie von dem Baby haben, das Sie einmal waren.

Wir sollten jedoch auch den entgegengesetzten Blickwinkel einnehmen und tiefes Mitgefühl mit den kleinen Wesen empfinden, die in vieler anderer Hinsicht ja wirklich hilflos sind und noch nicht einmal solch elementare Dinge wie das Laufen oder wenigstens das Krabbeln beherrschen. Oft kann ich meinem jüngsten Sohn die Enttäuschung am Gesicht ablesen, wenn er ziellos seine Arme und Beine bewegt; er weiß, dass es in seinem Kör-

per irgendwie die Möglichkeit koordinierter Bewegungen gibt, doch ist er überhaupt nicht in der Lage, diese Bewegungen auszuführen.
Genau das gleiche Gefühl befällt uns Erwachsene, wenn wir den ersten Versuch unternehmen, etwas völlig Neues zu lernen. Wir fühlen uns genauso inkompetent und ungeschickt, genauso frustriert und hilflos wie wir uns als Kind fühlten, als wir unsere allerersten Schritte machten, unsere ersten Versuche, aus eigener Kraft zu laufen.
Kürzlich beschloss ein Freund von mir, im Alter von vierzig Jahren Gitarre spielen zu lernen. Da ich es schon als Kind gelernt habe, bot ich an, ihm Unterricht zu geben. Dieser Freund von mir ist ein Meister im Programmieren von Computern und ganz allgemein ein Genie auf dem Gebiet der Elektronik, er hatte jedoch noch nie in seinem Leben eine Gitarre auf dem Schoß gehalten. Ich drückte ihm ein Plektrum in die rechte Hand; er ließ es fallen, hob es wieder auf und begann die Saiten der Gitarre mit dem Plektrum zu schlagen, jedoch fehlte seinen Bewegungen jede Koordination, und sofort fühlte er sich angespannt, frustriert und völlig unfähig zu lernen, was er lernen wollte.
Als ich ihm das Metallröhrchen in die linke Hand gab, um damit über die Saiten zu gleiten, schlug er es ungeschickt gegen die Saiten und erzeugte so einen lauten Ton, der gerade das Gegenteil von

dem geschmeidigen sanften Laut war, den er hervorbringen wollte. Er versuchte gleich als Erstes, einfach draufloszuspielen, so wie er mich ein paar Minuten zuvor hatte spielen sehen. Weil er so viele Dinge meisterhaft beherrschte, dachte er vielleicht, er könnte auch sofort perfekt Gitarre spielen.

Wie für das Baby, das krabbeln lernt, erwies es sich auch für meinen Freund als richtig, erst einmal eine Weile zu experimentieren und selbst herauszufinden, welche seiner Muskeln welche Bewegung auslösten. Erst dann war es an der Zeit, dass ich ihm die erste kleine Übung zeigte, die er meistern musste, als einen ersten Schritt auf dem Weg zur perfekten Beherrschung der Technik des Gitarrespielens.

Das ist ein ganz entscheidender Punkt, den wir oft nicht beachten, wenn wir etwas Neues zu lernen beginnen: Wir versuchen, in der Mitte des Lernprozesses einzusteigen, anstatt zu akzeptieren, dass wir Anfänger sind auf diesem neuen Gebiet und erst einmal sehen müssen, welches denn der allererste Lernschritt sein könnte.

Wenn wir genau hinsehen, ist es nicht ein einziger gewaltiger Satz, der uns von der Kindheit zum Goldmedaillengewinn im 100-m-Lauf bringt. Tatsächlich sind es im Wesentlichen viele einzelne Schritte, die auf dem Weg zur Meisterschaft zu bewältigen sind. Wenn ein Kind gelernt hat, seine Schuhe zuzubinden, ist es daher auf dem Weg zur

Vollkommenheit ein großes Stück weitergekommen. Der nächste Schritt könnte sein, dass es in einer Jugendgruppe lernt, wie man einen Seemannsknoten knüpft, und die letzte Stufe, vielleicht zwanzig Jahre später, könnte sein, dass aus ihm ein Chirurg geworden ist, der meisterhaft eine Wunde vernäht.

Überlegen Sie, ob Sie in den letzten ein, zwei Jahren etwas Neues gelernt haben. Gehören Sie zu den Menschen, die vor neuen Aufgaben zurückscheuen, aus Angst davor, sich so hilflos zu fühlen wie ein Baby, das noch nicht laufen und sprechen kann? Oder gehören Sie zu den Menschen, die sich regelmäßig einer neuen Herausforderung stellen und die Erfahrung genießen, den ganzen Weg zurück bis an den Anfangspunkt des Lernens zu gehen und wieder bei Null zu beginnen?

Wenn wir beginnen, etwas ganz Neues zu lernen, bekommen wir von drei Seiten Hilfe. Da sind zuallererst die von unserem Instinkt gesteuerten Programme, wie wir beim Säugling gesehen haben. Laufen und Sprechen sind zum Beispiel weitgehend genetisch angelegt. Unsere grundlegende Fähigkeit, Muskeln koordiniert zu bewegen, die bei so vielen Aufgaben im Leben über unseren Erfolg entscheidet, stellt ein gewaltiges genetisches Potenzial dar. Wir nutzen es für all die phantastischen Bewegungsabläufe, die wir von den Babyschuhen über die Tennisschuhe bis hin zu den Tanzschuhen erlernen müssen, um erfolgreich durchs Leben zu schreiten. Ohne ein solches genetisches Programm, das uns sofort zur Verfügung steht, würden wir mit Sicherheit auf der physischen Ebene gar nichts erreichen – wir würden noch heute wie mein kleiner Sohn sein, der noch nicht einmal dazu fähig ist, sich auf die andere Seite zu drehen oder nach etwas zu greifen, was er zum Überleben braucht. Menschliches Leben ist jedoch bei weitem komplexer, als es sich mit genetischer Programmierung je erklären ließe. Bis zu einem bestimmten Punkt dienen uns unsere Instinkte meisterhaft. Dann ist jedoch sehr bald der Moment erreicht, von dem an wir als Kind aktiv beobachten und nachahmen müssen, was die Personen in unserer Umgebung tun, die schon beherrschen, was wir noch lernen wollen. Natürlich ist der menschliche Nachahmungstrieb selbst ein Instinkt. Doch sobald der Prozess in Gang kommt, haben wir es mit einer völlig anderen Qualität menschlichen Verhaltens zu tun. Dieser wunderbare Sprung von genetischer Programmierung zum Lernen durch Nachahmung ist von ganz grundlegender Bedeutung für das menschliche Leben.

Und so ist es auch mit der Kunst meisterlichen Handelns - zunächst einmal sehen wir uns genau an, wie eine andere Person eine bestimmte Handlung ausführt. Dann schauen wir, ob wir mit unseren eigenen Muskeln und mit unserem eigenen Verstand etwas Vergleichbares tun können. Viele Menschen beherrschen einfach diese so wesentliche Kunst der Nachahmung nicht wirklich und scheitern deshalb immer wieder, wenn sie versuchen, etwas Neues zu meistern.

Wie ist das bei Ihnen? Können Sie gut etwas nachmachen, was Sie bei anderen gesehen haben? Oder wäre es für Sie von Nutzen, wenn Sie in dieser Hinsicht Ihre Gewohnheiten gezielt ändern könnten? Nehmen Sie sich einige Minuten Zeit, legen Sie das Buch vielleicht zur Seite und denken Sie über diesen speziellen Aspekt nach.

Uns helfen also unsere instinktgesteuerten Programme und das Vorbild der Personen in unserer Umgebung, wenn wir etwas Neues zu lernen beginnen. Es gibt allerdings noch eine dritte Quelle, aus der wir Hilfe beziehen können: Unsere eigenen Erfahrungen und unsere schon bewährten Verhaltensweisen, wie wir an eine neue Aufgabe herangehen. Wenn wir aufgrund zahlreicher vorangegangener Erfahrungen bereits wissen, wie wir mit größter Effizienz etwas Neues in Angriff nehmen, werden wir sehr schnell und mit Vergnügen unsere Sache perfekt machen. Haben jedoch unsere früheren Bemühungen, eine Aufgabe zu meistern, in aller Regel versagt, werden wir ernsthafte Schwierigkeiten haben und immer wieder Enttäuschungen erleben, woran wir uns auch versuchen.

Legen Sie am Ende dieses ersten Kapitels das Buch noch einmal zur Seite und beobachten Sie, was geschieht, wenn Sie Ihre Gedanken in Ihre frühe Kindheit zurückwandern lassen. Welche Erinnerungen und Bilder tauchen vor Ihrem inneren Auge auf, wenn Sie darüber nachsinnen, ob Sie gut darin waren, neue Aufgaben zu bewältigen, oder ob es Ihnen schwer fiel, sich mit Erfolg etwas Neues zu erarbeiten:

KAPITEL ZWEI

Was bringen Sie an Erfahrungen mit?

Und so kam es, dass Sie lernten, auf Ihren beiden Füßen zu stehen, ohne dabei das Gleichgewicht zu verlieren, und so meisterhaft einen Fuß vor den anderen zu setzen, dass Sie herumlaufen konnten, ohne dabei allzu oft auf die Nase zu fallen. Gratuliere! Können Sie sich vielleicht an das Glücksgefühl erinnern, das Sie erfasste, als es Ihnen zum ersten Mal gelang, ein paar Schritte zu gehen, ohne gleich wieder hinzufallen? Und später, als Sie es schafften, quer durch das Zimmer zu Mama oder Papa zu laufen – bis Sie schließlich beinahe zu fliegen meinten, als Sie die Geschwindigkeit entdeckten?

Wenn ich Sie in diesem Kapitel in Ihre Kindheit zurückblicken lasse, möchte ich, dass Sie sich dabei so klar und so ehrlich wie möglich nicht nur an die verschiedenen Erfolge und Enttäuschungen erinnern, die Sie als Kind erlebten, sondern auch an die Personen, die Ihr Lernen beeinflussten, die Sie er-

mutigten, bisweilen aber auch die Entfaltung Ihrer Fähigkeiten behinderten.
Damit es Ihnen gelingt, sich eine frühere Altersstufe zu vergegenwärtigen, benötigen Sie eine Technik. Auch wenn Sie mit solchen Dingen überhaupt nicht vertraut sind, werden Sie die Anforderungen schnell meistern, denn es hat nichts Magisches mit dieser Erinnerungstechnik auf sich. Sie ist eines der wertvollsten Hilfsmittel, wenn wir über unser bisheriges Leben reflektieren und unsere Wahrnehmung vertiefen wollen.
Wir können uns entweder systematisch und diszipliniert auf eine frühe Altersstufe zurückbegeben, wie es häufig unter der Anleitung eines Hypnose-Therapeuten geschieht – oder auf sehr intuitive Weise, die mit einem Minimum an Anleitung auskommt. Und natürlich ist es letztere, die wir hier anwenden wollen. Lassen Sie mich Ihnen nun die grundlegenden Schritte zeigen, die Sie ganz nach Ihrem eigenen Tempo und Ihren eigenen Bedürfnissen meistern können. (Ich habe auch Bücher zu diesem Thema verfasst, falls Sie den Wunsch verspüren, es in dieser Technik noch weiter zu bringen.)
Der erste Schritt ist, dass Sie lernen, Ihre volle Aufmerksamkeit auf Ihre körperliche Anwesenheit in der Gegenwart zu richten. Damit wird erreicht, dass Sie den Fluss Ihrer Gedanken unterbrechen,

was immer Ihnen auch gerade im Kopf herumgehen mag. Nur im »neutralen« Zustand sind Sie bereit für jedwede Erinnerung.

Machen Sie nun mit mir eine Meditation, die ganz einfach ist und zu der doch auch der Anfänger sofort Zugang findet.

Achten Sie, während Sie diese Worte lesen, gleichzeitig auf Ihren Atem, spüren Sie, wie mit jedem Atemzug die Luft durch Ihre Nase ein- und ausströmt. Werden Sie sich Ihrer Atmung bewusst.
Seien Sie sich Ihrer Gegenwart bewusst.
Und während Sie weiter bei jedem Ein- und Ausatmen die Luft durch Ihre Nase strömen spüren, werden Sie sich nun auch der Atembewegungen von Brust und Bauch bewusst. Spüren Sie, wie Ihre Muskeln sich dehnen und zusammenziehen, sodass Sie nun auch diese Teile Ihres Körpers bewusst wahrnehmen.
Und während Sie nun spüren, wie bei jedem Atemzug die Luft durch Ihre Nase ein- und ausströmt und wie Brust und Bauch sich heben und senken, versuchen Sie, während der nächsten vier Atemzüge bewusst Ihren ganzen Körper wahrzunehmen.

Auf Ihrem Weg, Ihr Leben zu meistern, ist diese grundlegende »Gegenwarts-Meditation« eine erste und sehr wichtige zu meisternde Aufgabe. Ich möchte, dass Sie Folgendes tun: Beobachten Sie jedes Mal, wenn Sie im Rhythmus von vier oder acht Atemzügen in der beschriebenen Weise meditieren, ob Sie Ihre augenblickliche Entwicklungsstufe akzeptieren und ob Sie gleichzeitig bereit sind, den nächsten Schritt zu tun.

Jede dieser »Gegenwarts-Meditationen« ist natürlich eine einmalige Erfahrung – denn die Einzigartigkeit eines Augenblicks lässt sich nicht zweimal erleben und jeder neue Augenblick birgt auch eine neue Erfahrung. Das ist die Magie des Augenblicks, die erklärt, warum das Leben immer dynamisch ist, immer neu und absolut aufregend.

Lassen Sie mich noch einmal die elementaren Schritte wiederholen, die Sie sofort in die Gegenwart bringen. Sie sind der Ausgangspunkt für die Kunst zu leben, der erste Schritt Ihrer Meisterschaft und deshalb von elementarer Bedeutung. Wenn Sie andere meiner Bücher gelesen haben, kennen Sie diese bereits. Und wenn Sie vorher schon mit dieser Meditation gearbeitet haben, wissen Sie auch bereits, dass es mit dieser scheinbar so einfachen Technik unendlich viele Erfahrungen zu erkunden gibt, da jeder neue Augenblick neue Erfahrungen mit sich bringt.

1) Spüren Sie, wie die Luft durch Ihre Nase ein- und ausströmt.

2) Spüren Sie zur gleichen Zeit, wie sich Ihr Körper bewegt, wenn Sie atmen.
3) Erweitern Sie ohne Anstrengung Ihr Bewusstsein, sodass Sie Ihren Körper als Ganzes wahrnehmen.
4) Atmen Sie noch vier- oder achtmal in diesem erweiterten Bewusstseinszustand.

Diese »Gegenwarts-Meditation« ist deshalb eine so wichtige Vorbereitung für sehr viele Aufgaben im Leben, weil Lernen letztlich immer nur in einem gegebenen Augenblick stattfindet. Das bedeutet also, dass Sie eine gewählte Aufgabe optimal meistern können, wenn Sie sich zunächst Ihrer Anwesenheit in der Gegenwart bewusst werden.
Selbst das Zurückgehen in die eigene Vergangenheit erfordert merkwürdigerweise, dass Sie sich zunächst Ihres Körpers in der Gegenwart bewusst werden – weil die Erinnerung meist aus sehr konkreten, physischen Komponenten besteht. Erinnern Sie sich zum Beispiel daran, was Sie vor einer Stunde getan haben: Welche Erfahrungen sind es wirklich, die an die Oberfläche steigen und die Sie »Erinnerungen« nennen?

Halten Sie nun für ein paar Minuten mit dem Lesen inne, atmen Sie einige Male ganz bewusst, um vollkommen in der

Gegenwart zu sein, und besinnen Sie sich darauf, was Sie vor einer Stunde getan haben.

Die meisten von uns erinnern sich entweder an einen visuellen Eindruck oder an die physischen und emotionalen Empfindungen, die Sie vor einer Stunde hatten. Unser Verstand findet zwar sofort Worte, mit denen wir beschreiben können, was wir taten, aber wenn wir genau hinsehen, stellen wir fest, dass die verbalen Beschreibungen aus der primären Erinnerung sehr körperlicher Empfindungen hervorgehen.

Ich möchte Ihnen einen weiteren Ausflug in Ihre Erinnerung zur Übung aufgeben. Richten Sie Ihre volle Aufmerksamkeit auf Ihren Körper, hier in der Gegenwart (bewusstes Atmen – Nase, Brust, Bauch und ganzer Körper) und schließen Sie dann für einige Augenblicke die Augen, während Sie weiter atmen. Erinnern Sie sich daran, wie Sie vergangene Nacht im Bett lagen, und besinnen Sie sich auf den Moment vor dem Einschlafen. Woran erinnern Sie sich?

Natürlich sind wir Wesen mit einem Körper und einem Verstand, der darüber nachdenkt, was der Körper wahrgenommen und erlebt hat. Meine Erfahrung ist allerdings, dass Gedanken aus dem

Erlebten hervorgehen und daher das Erleben primär ist.
Mit Sicherheit trifft das auf die Kunst des Lebens zu, wenn wir darüber einmal nachdenken. Herausforderungen zu meistern setzt voraus, dass wir etwas tun. Selbst wenn wir lernen, mit Symbolen umzugehen und auf einer höheren Stufe der Abstraktion zu denken, so liegen den Symbolen Erfahrungen zugrunde. Wir lernen, eins und eins zusammenzuzählen. Wenn wir eine Orange vor uns sehen und dann eine zweite und die Orangen zusammenbringen, sind es zwei. Und jede künftige Meisterung mathematischer Aufgaben wird auf dieser Erfahrung körperlicher und sinnlicher Wahrnehmung basieren.
Und so ist es auch mit unserer Erinnerung. Wenn wir zurückblicken wollen, wenn wir unsere magische Fähigkeit aktivieren wollen, noch einmal zu erleben, was wir gestern erlebten oder vor einem Jahr oder als wir gerade das Laufen lernten, werden wir dies auf der Ebene der Sinneswahrnehmungen tun müssen, wenn es uns gelingen soll, den Vorgang des Reflektierens und Erinnerns zu beherrschen.

Blicken Sie nun zurück, nachdem Sie diesen Absatz zu Ende gelesen haben, und erinnern Sie sich an Ihren Vater oder an eine Vaterfigur in Ihrer Kindheit. Vergessen Sie nicht, mit dem ersten Schritt zu beginnen – bewusstes Atmen und bewusstes

Wahrnehmen von Nase, Brust, Bauch und ganzem Körper.

Schließen Sie Ihre Augen, wenn Ihnen das bei der Konzentration hilft. Und während Sie sich nun Ihrer Atmung und Ihres ganzen Körpers bewusst bleiben, so gut Sie das bereits beherrschen, seien Sie offen für alle Sinneseindrücke und Empfindungen, die aus Ihrer Erinnerung aufsteigen und Ihre Erfahrungen mit Ihrem Vater oder einer Vaterfigur Ihrer Kindheit wieder wach werden lassen. Atmen Sie dabei bewusst weiter, welche Erinnerungen auch an die Oberfläche kommen.

Bitte vergessen Sie nicht, dass Sie vielleicht ein völliger Anfänger sind, sozusagen ein Kind, das den ersten Schritt des bewussten Erinnerns tut. Seien Sie deshalb mit Ihrer Leistung zufrieden – und denken Sie daran, dass Sie von ganz allein jedes Mal einen Schritt weiterkommen, wenn Sie Ihre Erinnerungen erforschen.
Je tiefer Sie in die Magie des Erinnerns eindringen wollen, desto öfter sollten Sie jede von mir vorgeschlagene Erinnerungsübung wiederholen.

Der nächste Schritt, Ihren frühen Erfahrungen, das Leben meisterhaft zu bewältigen, auf die Spur zu kommen, ist, dass Sie sich eine Tätigkeit herausgreifen, die Sie als Kind besonders gut beherrschten, und dass Sie versuchen, sich so gründlich und vollständig wie möglich an alles zu erinnern, was mit dem Erlernen dieser Tätigkeit zusammenhing. Seien Sie sich dabei bitte darüber im Klaren, dass Sie diesen Vorgang mehrmals wiederholen müssen, bevor Sie genau das noch einmal erleben werden, was Sie als Kind erlebten. Mit nur einem Rückblick in diese Phase Ihrer Kindheit wird es nicht getan sein. Vielleicht werden Sie eine oder zwei Wochen lang einmal am Tag diese Erinnerungsübung machen müssen, bis Sie sie tatsächlich zu Ihrer Zufriedenheit beherrschen.

Welcher besonderen Herausforderung in Ihrer Kindheit möchten Sie Ihre Aufmerksamkeit zuwenden? Vielleicht gab es da die schwierige Aufgabe, die Schuhe zuzubinden?

Wenden Sie Ihren Blick zurück und sehen Sie, welche Erinnerungen sich einstellen, nachdem Sie sich zuvor auf Ihre Atmung und Ihren Körper, hier in der Gegenwart, konzentriert haben. Schließen Sie die Augen, wenn das leichter für Sie ist.

Vielleicht möchten Sie sich daran erinnern, wie Sie meisterliche Vollkommenheit schon bei der Nahrungsaufnahme beherrscht haben, wie Sie von der Brust über das Fläschchen zu Gabel und Löffel vordrangen?

Entspannen Sie sich und lassen Sie Ihre Gedanken ohne Anstrengung in die frühe Kindheit zurückwandern, sehen Sie, welche Erinnerungen an die gemeinsamen Mahlzeiten der Familie in Ihnen aufsteigen.
Bei jedem dieser Ausflüge in die Erinnerung wird es fast immer eine Person geben, die Sie in der Erinnerung an Ihrer Seite sehen, die Ihnen zeigt, wie Sie Ihre Schuhe zubinden oder wie Sie die Gabel richtig halten: Ihren Vater oder Ihre Mutter, Bruder oder Schwester oder vielleicht auch eine andere Person, die Sie ermutigte und Ihnen das befriedigende Gefühl gab, Ihre Sache gut zu machen – oder die Sie im Gegenteil unsicher machte, weil Sie Ihnen das Gefühl gab, dass Ihre Leistung bei weitem nicht gut genug sei.

Erinnern Sie sich zunächst daran, wie Sie Ihre Schuhe zubinden, und sehen Sie, wer bei Ihnen ist und ob diese Person ein guter Lehrer ist oder ob sie ein ernstes Hindernis auf Ihrem Weg zu erfolgreichem Lernen darstellt.

Lassen Sie uns jetzt einen Sprung nach vorn machen, in Ihre Erinnerungen an die Schulzeit. Schule ist nichts anderes als ein fortschreitender Prozess bis zur Meisterschaft auf dem Gebiet des akademi-

schen Lernens. Im besten Falle gilt das Gleiche auch im Hinblick auf das soziale Lernen. Wir sehen uns mit neuen Situationen konfrontiert, die von uns verlangen, dass wir unsere geistigen und sozialen Fähigkeiten weiterentwickeln und vervollkommnen, um neue Aufgaben bewältigen und neue Probleme lösen zu können. Gute Lehrer können uns sehr schnell dahin bringen, dass wir auch komplizierterere mentale Prozesse beherrschen, schlechte Lehrer dagegen können unserem Selbstvertrauen in dieser Hinsicht ernstlich schaden und in der Konsequenz auch unserer Leistung.
Denken Sie daran, wie Sie Rechnen lernten. Versetzen Sie sich zurück in den Unterricht bei dem ersten Mathematiklehrer, an den Sie sich erinnern können. Erleben Sie noch einmal die Atmosphäre im Klassenzimmer, die angespannte oder entspannte Haltung Ihres Körpers, erleben Sie Ihre Mitschüler – und den Lehrer an der Tafel. Erhielten Sie eine gute Hinführung zur Mathematik oder nahm Ihre Fähigkeit zur Lösung mathematischer Aufgaben von Anfang an Schaden?
Atmen Sie, seien Sie ganz in der Gegenwart, schließen Sie Ihre Augen und öffnen Sie sich Ihren Erinnerungen.

Und nun lassen Sie uns sehen, ob Sie sich noch gut daran erinnern können, wie Sie als Teenager zum

Lernen standen. Hatten Sie ein positives Gefühl gegenüber Ihrer Fähigkeit, sich neues Wissen anzueignen, oder waren Ihre Lernmöglichkeiten bereits dadurch eingeschränkt, dass Sie nur über wenig Selbstvertrauen verfügten?

Schließen Sie wieder Ihre Augen, konzentrieren Sie sich auf den gegenwärtigen Augenblick und gehen Sie dann in Ihrer Erinnerung zurück.

Ich habe Ihnen nun an einigen Beispielen gezeigt, wie Sie auf frühe Altersstufen zurückkehren können, um so die Ursprünge Ihrer Lerngewohnheiten zu entdecken. Dieses Erforschen der eigenen Vergangenheit ist ein sehr intensiver Prozess, und ich möchte Ihnen ans Herz legen, sich regelmäßig dafür Zeit zu nehmen, um herauszufinden, welche frühen Erfahrungen Ihre späteren Gewohnheiten und Einstellungen zum Lernen geprägt haben.

Ich stelle Sie hier vor eine große Herausforderung und biete Ihnen zugleich die große Chance zu lernen, wie Sie souverän, auf klare und objektive Weise über Ihre eigene Vergangenheit reflektieren können!

Als letzte Meditation in diesem Kapitel möchte ich Sie zu einer freien Erinnerung animieren. Wenn Sie sich ganz in die Gegenwart gebracht haben und

Ihren aktuellen Entwicklungsstand in der Kunst zu leben in dieser Meditationsübung genossen haben, öffnen Sie sich Ihren Erinnerungen an eine beliebige Aktivität in Ihrer Kindheit. Erinnern Sie sich daran, was Sie empfanden, während Sie sich alle Mühe gaben, diese Tätigkeit zu lernen – und sehen Sie, wer Sie unterwies und wie gut oder schlecht diese Person(en) Ihnen dabei half(en), bei der Bewältigung Ihrer Aufgabe voranzukommen.

KAPITEL DREI

Entdecken Sie Ihre Liebe zur Vollkommenheit

Es gibt eine ganz bestimmte Stelle in der Bibel, die mir als Kind zu schaffen machte. Jesus wird dort zitiert mit den Worten: »Seid also vollkommen, wie euer Vater im Himmel vollkommen ist!« Was für eine Aufgabe für ein Kind! Meistere die hohe Kunst, so vollkommen zu sein wie Gottvater im Himmel. Hm.

Was hat es überhaupt mit dieser Vollkommenheit auf sich? Mein Fenster geht auf eine Wiese hinaus, und gerade in diesem Augenblick kann ich beobachten, wie eine leichte, frühherbstliche Brise liebkosend über Gräser und Blumen streicht. Während ich auf meinen Atem achte und gleichzeitig das Bild des sanft im späten Sonnenlicht wogenden Grases in mich aufnehme, habe ich das Empfinden, etwas fraglos Vollkommenes zu erleben. Wir müssen uns sicher an die Natur halten, wenn wir eine Antwort auf die Frage suchen, was Vollkommenheit sein könnte. Wenn wir und diese Welt von

Gott erschaffen wurden, muss die Natur ein Abglanz Gottes sein, wenn nicht zwingend auf einer theologischen Ebene, so doch für unsere Sinne wahrnehmbar.

Je mehr ich mich mit dem Wesen der Vollkommenheit befasse, umso klarer sehe ich in der Tat, dass die Natur uns das beste Beispiel für Vollkommenheit gibt. Wenn jemand etwas auf ganz natürliche und ungezwungene Weise tut, frei von Selbstzweifeln und Selbsttadel, dann ist sein Handeln sehr oft genauso vollkommen wie das Wogen des Grases vor meinem Arbeitszimmer. Vollkommenheit ist kein absoluter Zustand, zumindest nicht, was unsere alltäglichen Aktivitäten betrifft. Sie ist vielmehr ein Zustand der Übereinstimmung zwischen unserem Bewusstsein und unseren natürlichen, spontanen Bewegungen.

Lassen Sie mich es so erklären. Erst heute Morgen machte ich einige Yogaübungen, während mein kleiner Sohn in einem dieser neuen Wippstühle ruhte, die uns die hoch entwickelte Technologie als perfekte Lösung anbietet, wenn wir einem Baby das Gefühl der Geborgenheit vermitteln wollen, ohne es wirklich im Arm zu halten. Ich führte gerade eine ganz spezielle Yogabewegung aus, die ich seit nunmehr fünfundzwanzig Jahren ziemlich regelmäßig mache. Zunächst fühlte sich die Bewegung absolut perfekt an und ich war eins mit meinem Körper,

meinem Atem, der mich umgebenden Luft - mit dem Universum sozusagen. Dann schaltete sich jedoch mein Verstand ein und fand etwas an meiner Bewegung auszusetzen, weil ich letztes Jahr besser in Form war und meine Glieder besser dehnen konnte; auch fiel mir ein, dass ein Yoga-Lehrer, bei dem ich vor einigen Jahren an einem Kurs teilgenommen hatte, die Bewegung weit besser hatte ausführen können, als ich es vermochte.
Sofort verließ mich das glückliche Gefühl der Vollkommenheit und ich fand mich selbst nicht gut genug. Ich fiel sozusagen aus dem Stand der Gnade, weil sich mein Verstand eingeschaltet hatte. Die Bewegung hatte sich perfekt angefühlt, aber sobald ich zu vergleichen begann, war sie ziemlich unvollkommen. Während ich mit diesen Gedanken beschäftigt war, sah ich zufällig hinüber zu meinem zwei Monate alten Sohn, der gerade dabei war einzuschlummern. Er hielt eine Hand noch irgendwie nach oben, gleichzeitig entspannte sich die Hand mehr und mehr und erreichte einen Zustand vollkommener Anmut in diesem Schwebezustand zwischen völliger Unterwerfung unter die Schwerkraft und der Anspannung der Muskeln, die sie noch nach oben hielten. Mir kam ein Michelangelo-Gemälde in den Sinn, auf dem Gott seine Hand nach Adam ausstreckt, seine Finger in derselben Weise vollkommen gestreckt und gleichzeitig entspannt

haltend, wie es mein Sohn kurz vor dem Einschlafen gerade so meisterhaft demonstrierte.
Dann plötzlich, so als hätte er gespürt, dass ich ihn beobachte, öffnete mein Sohn die Augen und schaute mich an, mit diesem leicht verschwimmenden Blick eines zwei Monate alten Kindes. Und mein Verstand sagte mir, schau dir das an, hier hast du Meisterschaft in Vollendung, und das Kind ist noch nicht einmal aus den Windeln heraus.
Vollkommenheit scheint also nicht etwas zu sein, das nur Schachmeister oder Klaviervirtuosen erreichen können, auch nicht etwas, was man nur durch harte Arbeit erlangt. Ebenso wenig ist sie etwas, was in den Zuständigkeitsbereich des Verstandes fällt und durch akademische und theologische Gedankensprünge entwickelt wird. Vollkommenheit scheint vielmehr der natürliche Zustand des Menschen zu sein, ganz so, wie sie auch der natürliche Zustand der Natur ist.
Gestern erst besuchten wir Freunde, deren vierjährige Tochter tatsächlich kurz davor steht, das Ritual des Schuh-Zubindens zu beherrschen. Ich saß mit ihr zusammen auf der Treppe hinter dem Haus und fühlte mich schuldig, weil ich in Gedanken bei diesem Buch war, anstatt in der Gegenwart zu sein und mit meiner kleinen Freundin zu spielen. Ich riss mich aus meinen Träumereien über meine eigenen Kindheitserfahrungen heraus und schaute in ihre

Richtung – und da saß sie, wie ein kleiner Buddha über ihre kleinen Schuhe gebeugt, der Mund arbeitete in Harmonie mit den Fingern mit, während sie sich zum tausendsten Mal alle Mühe gab, diese vertrackteste Schleife des Universums zu binden.

Und sie schaffte es! Olympische Schiedsrichter würden wahrscheinlich nur die niedrigsten Punkte-Karten gezogen haben für die Leistung, die sie an diesem besonderen Tag und auf dieser besonderen Treppe sitzend vollbracht hatte, aber ohne Zweifel ähnelte das, was sie da gebunden hatte, schon sehr einer Schleife.

Und was tat sie nach dieser Meisterleistung? Sie drehte sich um und sah mich an. Was für einen Ausdruck ihr Gesicht hatte! Zum Teil verriet es Erstaunen über ihre eigene Leistung, zum Teil tiefe Unsicherheit, was ich wohl davon halten würde, aber auch offenkundigen Stolz auf ihr Werk.

Und was war meine Antwort?

A) »Hm, so ganz richtig ist das noch nicht. Komm, ich zeig dir, wie eine richtige Schleife aussieht.«

B) »Nein, nein, das ist ja ganz falsch, wirst du denn nie lernen, wie man seine Schuhe zubindet, ich konnte das aber besser, als ich drei Jahre alt war.«

C) »Oh, das ist ja phantastisch, du bist ja ein Genie! Schau dir das an! Ich kann gar nicht glauben, dass du dir deine Schuhe so gut zugebunden hast!«

Tatsächlich gingen mir all diese typischen Reaktionen gleichzeitig durch den Kopf und dazu noch einige Varianten. Nachdem ich tief ausgeatmet und für einen Augenblick den Atem angehalten hatte, bemächtigte sich meiner ein anderes Gefühl, an das ich mich jetzt, wo ich darüber schreibe, sehr deutlich erinnern kann - irgendwo tief in mir konnte ich mich an dieselbe Erfahrung in meiner eigenen Kindheit erinnern, und als ich in ihre Augen sah, wusste ich auf einmal, dass es gar nichts zu sagen gab, dass sie weder Lob noch Kritik brauchte - alles, was sie brauchte, war, dass ich mit ihr dieses überwältigende Gefühl teilte, eine richtige Schleife gebunden zu haben.

Sie schaute wieder nach unten, um sich zu vergewissern, dass die Schleife noch da war. Und da war sie, eine Schleife, so vollkommen wie das wogende Gras vor meinem Fenster.

Auch das Gras folgt dabei nicht irgendeiner Norm, die besagt, wie Gras sich im Wind zu bewegen hat. Es braucht auch mein Urteil nicht, ob sein Wogen im Wind angemessen oder eher nicht angemessen ist. Es ist einfach auf seine ganz persönliche und unverwechselbare Weise »wogendes Gras im Wind«. Und ebenso war die Schleife, die meine kleine Freundin da gerade gebunden hatte, eine einmalige, perfekte Version einer »Schleife am Schuh eines kleinen Mädchens«.

So ist die Vollkommenheit beschaffen, über die wir in diesem Kapitel über die Liebe zur Vollkommenheit sprechen. Wenn wir etwas mit ganzem Herzen tun, so gut wie wir es nur irgend können, wenn wir mit Begeisterung und Hingabe bei der Sache sind, dann wird es eine perfekte Schleife sein, die wir da binden!

Das Merkwürdige ist, dass die meisten von uns ihre Tage damit zubringen, alles, was sie anfangen, unachtsam zu machen. Anstatt dass wir uns das schöne zufriedene Gefühl verdienen, jede unserer Aufgaben präzise und in einem Zustand innerer Harmonie auszuführen, sind wir nur mit halbem Herzen bei der Sache und verrichten murrend Dinge, die uns tatsächlich Momente des Glücks bescheren könnten, wenn wir ihnen nur halbwegs eine Chance geben würden.

Natürlich entstehen solche Einstellungen zu täglichen Routinehandlungen in unserer Kindheit und sie spiegeln wider, auf welche Weise wir als Kinder für unsere Leistungen belohnt oder bestraft wurden.

Ein Kind, das ständig überfordert wird und in zu kurzer Zeit zu vieles erreichen soll, wird entweder als zwanghafter Perfektionist enden, der nicht aus Liebe zur Vollkommenheit seine Aufgaben so gut wie möglich erledigt, sondern aus Angst, nicht gut genug zu sein – oder es wird Gleichgültigkeit gegenüber seinen eigenen Leistungen entwickeln und in allen seinen Handlungen, Gedanken und Gefühlen nachlässig sein.

Wie war das heute bei Ihnen? Wie sind Sie an jede neue Aufgabe dieses neuen Tages herangegangen? Wie haben Sie sich zum Beispiel die Zähne geputzt? Haben Sie es achtsam verfolgt oder haben Sie das Zähneputzen schnell und gedankenlos hinter sich gebracht, ohne sich viel darum zu kümmern, wie gut oder vielleicht weniger gut Sie dieses tägliche Ritual vollzogen?

Und wie war das mit der letzten Buchseite, die Sie eben umblätterten – machten Sie das bewusst und mit einer gewissen Finesse oder war es eher eine »Wegwerfhandlung«, die Sie gewohnheitsmäßig und achtlos ausführten, anstatt dass Sie diese neue Chance nutzten, sich Ihrer Fähigkeit zu präzisen, harmonischen Bewegungen und somit zu vollkommenem Handeln zu bedienen?

Ich nehme an, Ihnen ist inzwischen deutlich geworden, dass ich Sie in diesem Buch vor die größtmögliche Herausforderung Ihres Lebens stelle – sich jeder einzelnen Handlung bewusst zu sein, Gewohnheit und Routine hinter sich zu lassen und die Wandlung zur Vollkommenheit zu vollziehen. Ich kann verstehen, dass Sie sich vielleicht fragen, warum Sie dies überhaupt tun sollten.

Wenn ich von der Liebe zur Vollkommenheit spreche, benutze ich das Wort Liebe nicht zufällig. Nach meinem Empfinden ist Liebe ein ganz wesentlicher Bestandteil jeder Meisterschaft. Mir ist noch kein Meister begegnet, der nicht von tiefer Liebe zu seiner besonderen Tätigkeit erfüllt gewesen wäre.
Wenn ich also davon spreche, dass Sie im täglichen Leben Vollkommenheit anstreben sollten, lege ich Ihnen damit nahe, dem täglichen Leben selbst mit einem Gefühl der Liebe und Verehrung zu begegnen.

Warum sollten Sie sich auf eine einzelne Aktivität festlegen, anstatt Ihre Fähigkeit zur Meisterschaft allumfassend auf jede Ihrer Handlungen in jedem Augenblick anzuwenden? Anders gefragt, warum sollten Sie nicht jeden einzelnen Tag in jedem Augenblick genießen, dadurch dass Sie an alle Ihre Aufgaben mit dem Anspruch der Meisterschaft und Vollkommenheit herangehen? Halten Sie für einen Moment inne und überlegen Sie, ob Ihnen ein guter Grund einfällt, warum Sie das nicht tun sollten.

Wenn wir junge Hunde beim Balgen beobachten, weckt das in uns oft Bewunderung, aber auch ein wenig Neid. Wir sehen Ihnen so gerne zu, weil sie sich Ihrem Spiel völlig hingeben und jeden Moment auskosten. Wir finden Sie auch deshalb so wundervoll, weil ihre Aktionen vollkommen spontan, mühelos und harmonisch wirken, und wir wünschen uns manchmal, wir könnten auf eine so einfache Stufe des Bewusstseins zurückkehren.

Unser Leben in der heutigen Zeit ist in der Tat äußerst kompliziert. Natürlich ist es unser Verstand, der alles so schwierig macht, weil er unaufhörlich denkt-denkt-denkt, plant-entwirft-voraussagt, grübelt-rätselt-brütet, phantasiert, vergleicht, abwägt, urteilt und dadurch unsere Wahrnehmungskanäle so verstopft und unsere Gefühlskapazitäten so blockiert, dass die Gegenwart oft für Stunden einfach keinen Platz mehr in unseren Gedanken hat.

In der Zwischenzeit gehen wir unseren täglichen Beschäftigungen nach, drehen einen Schlüssel im Schloss und öffnen eine Tür, sagen Hallo und Tschüss, bereiten das Abendessen zu, ziehen uns Schuhe an, putzen uns die Zähne, wiegen unser Baby im Arm – doch da unser Verstand weiter auf Hochtouren arbeitet, geben wir auf unsere alltäglichen Rituale nicht Acht, verrichten sie gewohnheitsmäßig und unaufmerksam, anstatt unsere Sinne so zu sammeln, dass wir unsere Handlungen vollkommen ausführen können. Auf diese Weise bringen wir uns um Vergnügen und Zufriedenheit, höhere Selbstachtung und vielleicht auch um die neidvolle Anerkennung anderer, die jede unserer Bewegungen aufmerksam verfolgen.

Ich gehe von der Annahme aus, dass ständiges Denken zwanghaft ist, eine Angewohnheit, die aufgedeckt und Schritt für Schritt abgebaut werden muss. Zumindest sollten an jedem Tag Denken und Erleben in einem ausgewogenen Verhältnis zueinander stehen – auf jede Minute des Nachdenkens über Vergangenheit oder Zukunft muss eine Minute des bewussten Handelns in der Gegenwart folgen. Was meinen Sie?

Ich spreche über Vollkommenheit all Ihrer täglichen Aktivitäten, als sei Vollkommenheit nur eine Sache der Bewegung. Wie wir aber bei der vollkommenen Ruhe und Entspannung eines schlummernden Säuglings festgestellt haben, ist Vollkommenheit eine Eigenschaft des Bewusstseins, die ebenso für den Ruhezustand wie für die Bewegung zutrifft. So können wir zum Beispiel von einer Person sagen, sie verharre »vollkommen regungslos«. Können Sie vollkommen regungslos verharren? Wenn Sie heute Abend zu Bett gehen, nehmen Sie sich einige Minuten Zeit, um das Gefühl zu erkunden, das sich einstellt, wenn Sie sich völlig entspannen, dem Rhythmus Ihres Atems folgen und vollkommen regungslos sind. Diese Kunst zu beherrschen ist vor allem dann außerordentlich lohnend, wenn Sie unter Stress leiden. Anstatt zu versuchen zu entspannen, sollten Sie sich der Aufgabe stellen, die hohe Kunst der Entspannung zu erlernen – mit der Änderung Ihrer geistigen Haltung wird sich auch eine Wandlung Ihrer Erfahrung vollziehen.

Sie können das gleich einmal ausprobieren, indem Sie Ihre Zunge völlig entspannen – bewerten und vergleichen Sie dabei nicht, versuchen Sie nur einfach so gut Sie können Ihre Zunge während der nächsten acht Atemzüge einmal gar nichts tun zu lassen.

Und nehmen Sie sich für die nächste Woche vor, Ihre Aufmerksamkeit auf irgendeine einfache tägliche Aktivität zu richten und diese so gut Sie können auszuführen – als ersten Schritt auf Ihrem Weg zur Vollkommenheit in allen Handlungen, die Sie jeden Tag vornehmen. Damit sind wir beim Kern unseres Programms angelangt: Wir beginnen uns der wundervollen Welt der Vollkommenheit im täglichen Leben zu nähern.
Ich möchte Ihnen das an einem Beispiel verdeutlichen: Als ich etwa zwanzig Jahre alt war, stellte mich ein sehr einflussreicher Lehrer der Sufi-Tradition vor eine solche Herausforderung, indem er mir vorschlug, ich sollte jede Tür, durch die ich ginge, mit Anmut, Vergnügen und Selbstachtung öffnen

und schließen. Das schien auf den ersten Blick sehr simpel zu sein, doch je bewusster ich mich dieser Aufgabe stellte, desto achtsamer wurde ich. Und ich bemerkte, welche Veränderungen in mir durch diese simpel scheinende Aufgabe schon in einer Woche vor sich gingen.

Dasselbe können Sie zum Beispiel bei jeder Mahlzeit tun, indem Sie jeden einzelnen Bissen mit erhöhter Achtsamkeit zu sich nehmen; oder jedes Mal, wenn Sie ins Bad gehen; oder jedes Mal, wenn Sie Ihre Hände in die Hosentasche stecken; oder jedes Mal, wenn Sie sich an den Kopf fassen; oder jedes Mal, wenn Sie aus dem Fenster schauen; oder jedes Mal, wenn Sie über Geld nachdenken; oder jedes Mal, wenn Sie an Sex denken; oder jedes Mal, wenn Sie über etwas nachdenken, das Ihnen ständig im Kopf herumgeht - die Liste ließe sich beliebig fortsetzen.

Fangen Sie damit an, zunächst eine Aktivität ganz bewusst auszuführen. Werden Sie Meister in dieser Kunst. Sie werden erleben, wie Sie dieser kleine erste Schritt in der Kunst zu leben meisterlich weiterbringt.

KAPITEL VIER

Lernen Sie Ihre Gefühle kennen

Auf dem Weg, unser eigener Meister zu werden, scheint jeder im Wesentlichen drei Entwicklungsphasen zu durchlaufen. Als Erstes sind wir darum bemüht, die elementaren menschlichen Tätigkeiten zu meistern, damit wir als Kinder unsere Rolle in der Familie ausfüllen können. Das bedeutet, dass wir lernen, mit unseren persönlichen körperlichen Bedürfnissen umzugehen. Darüber hinaus lernen wir, Aufgaben zu übernehmen, die im Familienverbund von Nutzen sind.

Im Alter von etwa zwölf Jahren beginnen dann die meisten von uns, ihre Flügel auszubreiten und sich nach einer unabhängigeren Existenz jenseits der Grenzen elterlicher Fürsorge und Anleitung zu sehnen. Zur Erfüllung dieses Wunsches nach mehr Unabhängigkeit müssen wir den Übergang auf die zweite Stufe der Meisterschaft bewältigen, auf der wir Aufgaben zu erfüllen lernen, die uns den Weg ins Erwachsenenleben ebnen. Als Heranwachsende beginnen wir, uns aus Abhängigkeiten zu lösen. Dies ist ein schwieriger Prozess, an dessen Ende wir auf eigenen Füßen stehen sollen. Wir greifen dabei auf frühere Lernerfahrungen zurück, manchmal zu unserem Nutzen, manchmal auch zu unserem Schaden, um die geistigen und körperlichen Aufgaben zu meistern, für die die Gesellschaft finanzielle Belohnungen bereithält.

Die dritte Stufe der Meisterschaft, zu der wir in einem späteren Kapitel kommen werden, ist erreicht, wenn wir das Überleben in dieser Welt zufriedenstellend beherrschen und uns unerwartet neuen und weitaus subtileren Herausforderungen gegenübersehen, die in der zweiten Lebenshälfte unsere ständige Aufmerksamkeit beanspruchen werden.

In diesem Kapitel möchte ich Ihnen zunächst Gelegenheit geben herauszufinden, welche Erfahrungen Sie selbst als Heranwachsende auf der zweiten Stufe der Meisterschaft gemacht haben. Wenn Sie sich nicht darüber im Klaren sind, wie Sie in dieser Phase Ihres Lebens zurechtkamen, wird es für Sie als erwachsener Mensch sehr schwierig sein, an Ihren Gewohnheiten und Einstellungen etwas zu ändern.

Lassen Sie mich ein bisschen Ordnung bringen in die Aufgaben, die mit ziemlicher Sicherheit auf Sie als Teenager zukamen. Zunächst einmal waren es

soziale Fähigkeiten, die Sie entwickelten, um mit anderen erfolgreiche, reife und vernünftige Beziehungen eingehen zu können.
Sehr oft wird bei der Beurteilung von Leistungen emotionale Kompetenz vernachlässigt. In der Tat besteht jedoch unsere wichtigste Aufgabe im Leben oft darin zu lernen, uns in weniger überschaubaren Gemeinschaften als der Familie emotional zurechtzufinden.
Emotionale Meisterschaft bedeutet zunächst und vor allem, dass Sie lernen zu erkennen, welches Gefühlsverhalten Sie ohne darüber nachzudenken von Ihrer Familie übernommen haben. Und wie Sie diese Gewohnheiten ablegen können, die sich in größeren Gemeinschaften nicht bewähren. In jeder Familie gibt es merkwürdige Beziehungsmuster, die sich nicht gut auf das soziale Umfeld übertragen lassen. Während wir auf der ersten Stufe der Meisterschaft in der frühen Kindheit lernen mussten, innerhalb des emotionalen Beziehungsgeflechtes der Familie zu funktionieren, sehen wir uns auf dieser zweiten Stufe vor die Aufgabe gestellt, die vielfältigeren Beziehungen in größeren Gemeinschaften emotional zu bewältigen.

An dieser Stelle möchte ich Ihnen gerne vorschlagen, dass Sie diese vielleicht sehr theoretisch klingende, psychologische Aussage an sich selbst erfahren. Erleben Sie in Gedanken Ihre Jugend. Halten Sie mit dem Lesen inne, so lange Sie möchten. Legen Sie das Buch zur Seite, wenn Sie diesen Absatz zu Ende gelesen haben, und konzentrieren Sie sich auf Ihren Atem (Nase, Brust, Bauch) und auf Ihren Körper hier in der Gegenwart. In diesem erweiterten Bewusstseinszustand lassen Sie dann Ihre Gedanken zurückwandern. Rufen Sie sich in Erinnerung, wie Sie den Wechsel von der Familie in das schulische Umfeld mit seinen ganz anderen Gefühlserfahrungen erlebten. Atmen Sie weiter, welche Erinnerungen sich auch einstellen mögen, und überlegen Sie, wie Sie sich emotional weiterentwickelten, um die neue soziale Situation zu meistern.

Die Aufgabe, der Sie sich damit stellen, ist gewaltig und Sie werden in den nächsten Tagen und Wochen damit beschäftigt sein. Erforschen Sie gründlich, wie Sie selbst mit der Herausforderung umgingen, sich außerhalb der Familie zu behaupten.
In Familien mit übermäßig starker Gefühlsbindung haben Kinder große Probleme damit, sich aus der Umklammerung zu befreien, und sie tun sich schwer, wenn es darum geht, erfolgreiche Beziehungen in der Welt der Erwachsenen einzugehen. Sie neigen zu stereotypen Verhaltensmustern, da ihre Beziehungen zu außenstehenden Personen oft

direkte Übertragungen von in der Kindheit eingeübten Verhaltensmustern darstellen. Aufgrund dieses infantilen Gebarens haben sie als Erwachsene oft nur wenig Erfolg mit ihren Beziehungen zu nicht der Familie angehörenden Personen.

Aus therapeutischer Sicht ist es ein wichtiger Schritt in der Persönlichkeitsentwicklung, sich in seinen Gefühlen und Handlungen von anderen unabhängig zu machen.

Lassen Sie mich Ihnen zumindest in Ansätzen zeigen, in welche Richtung Sie gehen sollten, wenn Sie als Erwachsener das Gefühl haben, noch in kindlichen, Ihr Leben in der Gegenwart hemmenden Verhaltensmustern gefangen zu sein.

Von allen Erkenntnissen über unsere emotionale Entwicklung, die die letzten Jahrzehnte hervorgebracht haben, ist die vielleicht spannendste Einsicht die, dass in fast alle emotionalen Beziehungen drei und nicht nur zwei Personen einbezogen sind. Sobald ein Liebespaar ein Baby bekommt, entsteht eine Drei-Personen-Beziehung und auf dieser gründet die Familie, die sich in demselben Moment formiert.

Betrachten Sie unter diesem Blickwinkel doch einmal Ihre eigene Kindheit. Manchmal kommunizierten Sie mit Ihrer Mutter, manchmal mit Ihrem Vater, und manchmal beschäftigten die beiden sich miteinander und Sie blieben sozusagen außen vor.

Das Seltsame an Beziehungen ist, dass drei Leute nicht gleichzeitig miteinander kommunizieren können. Sie können nur mit einer Person Blickkontakt halten in einem bestimmten Augenblick, ist es nicht so? Und Sie können in einem gegebenen Augenblick nur eine Person direkt ansprechen.

Deshalb ist in einer Drei-Personen-Beziehung immer eine der drei Personen nicht direkt am Gedanken- und Gefühlsaustausch beteiligt, bleibt also passiv, während die beiden anderen direkt miteinander kommunizieren.

Emotional unreife Personen bleiben in dieser Beobachterposition in einem so hohen Ausmaß gefühlsmäßig beteiligt, dass sie nur sehr wenig vom gegenseitigen Austausch mitbekommen. Kindern zum Beispiel fällt es sehr schwer, sich als von ihren Eltern getrennte Persönlichkeiten zu begreifen, und deshalb haben sie keinerlei Abstand zu den Gefühlen, die zwischen den Eltern untereinander dominieren.

Ab dem Alter von etwa zwölf Jahren jedoch stellt sich den Heranwachsenden die Aufgabe, eine gewisse Distanz zu der Drei-Personen-Beziehung oder zu mehreren miteinander verbundenen Drei-Personen-Beziehungen innerhalb der eigenen Familie zu gewinnen. Gestehen die Eltern dem Kind zu, seine Individualität zu entwickeln, wird es mit zunehmender Reife immer klarer das Beziehungsgeflecht in der Familie erkennen. Sind die Familienmitglieder jedoch sehr eng in fast neurotischer Weise aneinander gebunden, wird sich das heranwachsende Kind jeden Zentimeter Abstand hart erkämpfen müssen, um einen Einblick in die gewohnheitsmäßigen Beziehungsmuster der eigenen Familie gewinnen zu können.

Es hängt ganz entscheidend von den Ängsten und Unsicherheiten der Eltern ab, ob ein Kind siegreich aus dem Kampf um mehr emotionale Distanz hervorgeht. Je unsicherer die Eltern sind, umso weniger Gelegenheit wird das Kind haben, eine neue, auf der eigenen Unabhängigkeit basierende Beziehung zu den Eltern zu entwickeln – diese psychologische Erkenntnis hat in der Familientherapie fast schon den Status eines Gesetzes. In jeder Drei-Personen-Beziehung, die von erheblichen Ängsten und Unsicherheiten beherrscht ist, ist der Kampf um Distanz und Einblick in die bestehenden Konflikte sehr heftig und mit großen seelischen Schmerzen verbunden.

Sobald es jedoch einer der drei Personen gelingt, ihre Ängste teilweise zu überwinden und fast wie eine Unbeteiligte die Probleme der Beziehung zu analysieren, passiert etwas Wunderbares. Durch diesen Schritt zu mehr emotionaler Reife reduziert sich das Angstniveau des Trios insgesamt, sodass auch die beiden anderen Personen Einblick in das gewinnen, was sich zwischen ihnen allen abspielt.

Damit Sie wieder sofort verstehen, was ich mit diesen theoretischen Ausführungen meine, bietet sich wieder Ihre eigene Erfahrung an.
Erinnern Sie sich in diesem Moment einmal an Ihre Schulfreunde. Damit Sie die Dynamik von Drei-Personen-Beziehungen, in die Sie damals selbst einbezogen waren, erkennen, versuchen Sie sich zu erinnern, ob Sie auch nur eine Freundschaft in der Schule hatten, die eine reine Zweier-Beziehung war, im Unterschied zu einer Drei-Personen-Beziehung, in der eine dritte Person Ihr Verhältnis zu der ersten Person beeinflusste.

Das Schlüsselerlebnis beim Übergang von der Familie zu neuen Drei-Personen-Beziehungen in der Schule ist, dass Sie sich plötzlich dem Einfluss anderer Personen mit anderen Gefühlen ausgesetzt sehen. Im Kern geht es darum, dass Sie die Chance erhalten, neue Formen des Umgangs auszuprobieren, die auf der Grundlage von Beziehungsmustern der vielen anderen Familien entstehen. Der Schritt von der Familie mit ihren eingeübten Verhaltensweisen zu einer Vielzahl neuer Kombinationen von miteinander kommunizierenden Drei-Personen-Beziehungen ermöglicht es Ihnen, Ihre emotionalen Fähigkeiten zu entfalten und es zur Meisterschaft darin zu bringen.

Ich hoffe, ich habe mehr zum Verständnis als zur Konfusion beigetragen, indem ich Sie mit diesem Verständnis von »Familiensystemen« vertraut machte, das als Grundlage jeder Beziehung in der Familie die Interaktion von mindestens drei Personen ansieht. Mein Hauptziel dabei war, dass ich Sie dazu ermutigen möchte, all Ihre Beziehungen in der Vergangenheit und in der Gegenwart unter diesem Blickwinkel zu betrachten, anstatt davon auszugehen, dass Sie immer nur mit einer anderen Person zu einem gegebenen Zeitpunkt in Beziehung stehen. Zwei Leute können für immer auf einem niedrigen Niveau der Interaktion stehen bleiben – sobald einer von ihnen jedoch eine dritte Person hinzuzieht, kommt eine Entwicklung in Gang.

Im Prinzip findet derselbe Prozess an anderen Fronten des Lernens statt, wenn aus Kindern Jugendliche werden und diese neue Kontakte suchen, um die verschiedensten Fähigkeiten zu entwickeln. Das passiert sehr häufig, wenn zum Beispiel ein Kind zunächst etwas von Vater oder Mutter gelernt hat und dann in der Schule eine neue Person in das Lernverhältnis eintritt – in der Regel eine Lehrperson oder ein anderer Schüler, der als Lehrer fungiert.

Es gibt immer eine erste Person, die uns die Anfänge beibringt, sei es einer verbalen, körperlichen oder emotionalen Fähigkeit. Bis zu einem bestimmten Punkt machen wir Fortschritte. Dann kommt in der Regel jedoch der Moment, in dem der Lernprozess in dieser Eins-zu-Eins-Lernsituation zum Stillstand kommt.

Der nächste Schritt ist getan, wenn von außen jemand hinzukommt – eine Drei-Personen-Beziehung entsteht – und sich plötzlich eine neue Dynamik einstellt. Selbst wenn der erste Lehrer nicht anwesend ist (und das ist in der Regel der Fall), wird sein Einfluss spürbar sein, sobald der zweite Lehrer beginnt, Anregungen zu geben – wir haben eine Drei-Personen-Konstellation vor uns, die dem Lernenden neue Perspektiven eröffnen kann.

Dazu kommt es, wenn der zweite Lehrer etwas anregt, was den Instruktionen des ersten Lehrers widerspricht. Der Lernende muss sich plötzlich damit auseinander setzen, dass es zwei verschiedene Möglichkeiten gibt, an ein- und dieselbe Sache heranzugehen – und mit dieser Überlegung kommt es zu der Erweiterung der Wahrnehmung, auf der diese zweite Phase der Meisterschaft im Wesentlichen gründet. Der Lernende sieht sich vor die Notwendigkeit gestellt, die beiden Lehrer zu bewerten. Und schließlich muss er entweder den einen oder den anderen Lehrer kategorisch ablehnen – oder die hohe Kunst erlernen, sich von beiden unabhängig zu machen und von jedem das zu übernehmen, was ihm am besten erscheint. So entsteht Unabhängigkeit des Denkens, und diese persönliche Leistung zu vollbringen, ist sicher ein ganz entscheidender Schritt in unserem Leben.

Ich möchte Sie mit diesen Erkenntnissen wieder in Ihre Jugend zurückschicken, damit Sie herausfinden, wie Sie Schritt für Schritt etwas von einem bestimmten Lehrer lernten und dann bei einem anderen Lehrer eine neue Sichtweise auf dieselbe Sache gewannen. Nehmen Sie sich genügend Zeit, blicken Sie zurück in Ihre Kindheit und Jugend und lassen Sie die Erinnerungen in sich aufsteigen.

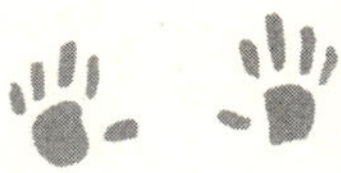

Der Prozess des Lernens bis hin zur Kunst zu leben kommt natürlich nie an ein Ende. Die größten Meister sind immer die, die sich weiterhin als Schüler in ihrer Kunst oder ihrem Beruf verstehen, die nie zu lernen aufhören, während Sie sich gleichzeitig jedoch schon als Meister zur Verfügung stellen, um an andere ihr bereits erworbenes Wissen weiterzugeben.
In diesem Sinne möchte ich nun Ihre Aufmerksamkeit auf die ersten Schritte lenken, die Sie, selbst noch ein Kind, unternahmen, um anderen etwas beizubringen, was Sie bereits gelernt hatten. Schon zu einem frühen Zeitpunkt in unserem Leben werden wir zu Meistern und Lehrern, und es gehört zu

unserem Weg zur Meisterschaft ganz wesentlich dazu, dass wir diesen entscheidenden Schritt energisch und gut machen.

Ich erinnere mich an meinen schon einige Zeit zurückliegenden Unterricht in einer Montessori-Schule, in einer Umgebung, in der Kinder dazu ermutigt wurden, sich gegenseitig bei ihren Tätigkeiten zu helfen. Die Klassenstufen eins, zwei und drei waren gemeinsam in einem großen Unterrichtsraum untergebracht. Und ich war wirklich ziemlich erstaunt darüber, wie wunderbar die Kinder es verstanden, sich gegenseitig etwas beizubringen.

Wenn ein Kind soeben etwas gelernt hat, sei es, eine Schleife zu binden oder zweistellige Zahlen zu addieren, ist es hervorragend dazu geeignet, sein neu erworbenes Können an ein anderes Kind weiterzugeben, das gerade so weit ist, dass es die betreffende Aufgabe lernen kann. Das ist deshalb so, weil dieses Kind noch all die kleinen Schritte vor Augen hat, die es ausführen musste, um die Aufgabe zu bewältigen - während ein dreißig Jahre alter Lehrer die meisten dieser Details längst vergessen hat.

Wenn wir nur unser Erziehungssystem so aufbrechen könnten, dass es den älteren Schülern erlaubt wäre, den jüngeren nach ihren eigenen Vorstellungen beizubringen, was sie gerade gelernt haben, dann wäre unser Schulsystem über Nacht reformiert. So bleiben die Schüler von Anfang bis Ende der Schulzeit ausschließlich Lernende, und wir ermutigen sie nicht dazu, Meister und Lehrende zu werden, sobald sie eine Sache beherrschen.

Und genau hier stoßen wir auf eins der größten Probleme des Lernens in unserem gegenwärtigen Gesellschaftssystem. Anstatt dass wir die Schüler dazu ermutigen, sich selbst ihre Lehrer zu suchen unter denjenigen, die die zu meisternde Aufgabe schon beherrschen, verweisen wir sie fast immer auf abstrakte Quellen des Wissens wie Bücher und fest gefügte Unterrichtsabläufe. Darüber hinaus erziehen wir die Kinder nicht zu künftigen Lehrern und Meistern, die bereit wären, jedem Hilfe anzubieten, der von ihnen lernen möchte.

Die Folge ist, dass wir alle weniger Fähigkeiten erworben haben, als wir hätten erwerben können, wenn wir in unserem täglichen Leben mehr Lehrer um uns gehabt hätten. Obwohl wir von Menschen umgeben sind, die in der Tat viele Dinge beherrschen, geben diese ihr Können und Wissen nicht an uns weiter, weil sie sich nicht als Lehrer und Meister begreifen. Der gesamte Lernprozess in unserer Gesellschaft krankt daran, und wir können nur hoffen, dass dem Lernen in der Erziehung der nächsten Generationen größere Aufmerksamkeit zuteil werden wird. Ich werde darüber in einem späteren Kapitel noch detaillierter sprechen.

Doch abgesehen von dem Grad Ihrer Unabhängigkeit von einengenden Dreier-Konstellationen in Ihrer Kindheit und abgesehen von dem Mangel an Lehrern in Ihrem sozialen Umfeld, gab es, als Sie heranwuchsen, sicher sehr zahlreiche Aufgaben mentaler, emotionaler und physischer Natur, die Sie meisterten.

Am Ende dieses Kapitels möchte ich Sie dazu anregen, noch einmal in Gedanken in die Zeit zurückzukehren, als Sie eben volljährig wurden, als Sie das Elternhaus verließen und erstmals auf eigenen Füßen standen.

Wie gut kamen Sie in der Welt da draußen zurecht? Hatte Ihre Kindheit Sie angemessen auf diesen Schritt aus der Familie hinaus in die Gesellschaft und in das Berufsleben vorbereitet? Oder standen Sie vor ernstlichen Hindernissen, als Sie Ihre ersten Schritte in die Unabhängigkeit machten, da Ihre Fähigkeiten, neue Aufgaben zu meistern, nicht genügend entwickelt waren? Atmen Sie einige Male tief durch und lassen Sie die Erinnerungen kommen.

KAPITEL FÜNF

Alte Wunden kann man heilen

Eltern mögen noch so gut die Kunst beherrschen, Kinder großzuziehen – es wird doch immer so sein, dass jeder heranwachsende Mensch Schläge abbekommt und aus dem Gleichgewicht gebracht wird, zumindest ein wenig. Das ist eine der ewigen Wahrheiten menschlicher Existenz. Nicht auf ein einziges menschliches Wesen ist man bei psychologischen Untersuchungen bisher gestoßen, das nicht ein beträchtliches Maß an mentaler Konfusion und seelischem Leid mit sich herumgetragen hätte. Fehler machen ist menschlich. Und da Eltern keine allwissenden Götter sind, müssen sie einfach bei der Erziehung ihr Bestes geben und darauf vertrauen, dass ihre Kinder später aus allen familiären Problemen herauswachsen.

In meiner jahrelangen Arbeit mit Patienten hat sich mein Eindruck immer mehr vertieft, dass die Aufgabe, alte Wunden zu heilen und problematische Programmierungen aus der Kindheit zu korrigieren,

in der Tat zu den segensreichsten Erfahrungen im menschlichen Leben gehört.
Erwachsensein bedeutet, von dem Moment an, wo wir auf eigenen Füßen stehen, bis zu unseren letzten Lebenstagen auf diesem Planeten Erde in zunehmendem Maße für das eigene Leben Verantwortung zu übernehmen und dafür zu sorgen, dass es erfüllt und zufriedenstellend verläuft.
Wie würde zum Beispiel Ihr Leben aussehen, wenn Ihre Gefühle, Ihr Denken und Ihr Körper in einem Zustand absoluter Vollkommenheit wären? Was hätten Sie in diesem Leben eigentlich noch zu tun, wenn Sie sich über all Ihre Gefühle völlig im Klaren wären, wenn Sie das logische Denken perfekt beherrschen würden, wenn Sie körperlich vollkommen gesund und geistig vollkommen ausgeglichen wären?
Wir glauben immer, dass spirituelle Meister diesen Zustand der Erleuchtung erreicht haben. Ich habe jedoch das Privileg, einige dieser Meister zu kennen, und weiß daher, dass sie nur eingeschlossen in ihrem winzigen Kosmos vollkommene Glückseligkeit und Harmonie verwirklichen. Sie sind jedoch auch sehr wohl in der Lage, in jene Bereiche weltlicher Gefühle abzugleiten, die wir gerne mit niedrigeren Stufen des Bewusstseins in Verbindung bringen – namentlich mit unserem eigenen, uns vertrauten Zustand unvollkommener Gedanken und Gefühle.
Für eine längere Zeit betrachtete ich es als mein per-

sönliches Ziel im Leben, meine Gedanken und Gefühle vollkommen zu beherrschen und auch jede meiner Bewegungen und mein Bewusstsein bis zur Stufe der Vollkommenheit zu erweitern. Viele junge Menschen haben diesen Traum, wenn Sie beginnen erwachsen zu werden. Als ich meine Kindheit erforschte, konnte ich erkennen, dass ich in der Tat sehr viele Male in meiner Entwicklung behindert und geschädigt worden war, und ich machte es zu meinem Ziel, diese geschädigten Teile meiner Persönlichkeit hinter mir zu lassen, während ich höheren Bewusstseinsebenen entgegenstrebte.
Letztlich musste ich jedoch einsehen, dass es keine wirkliche Trennung zwischen meinem höherwertigen Selbst und meinem entstellten emotionalen und mentalen Selbst geben konnte. Zwar lernte ich Techniken zu beherrschen, mit denen ich in andere Wahrnehmungs- und Bewusstseinszustände übergehen konnte. Als ich dann einmal jedoch vollkommen glücklich und zufrieden da saß, wurde ich mir der beschämenden Tatsache bewusst, dass ich die ganze Zeit meinem minderwertigen, geschädigten Selbst davongelaufen war und eigentlich nichts weiter getan hatte, als diesen Teil meiner Selbst mit mentaler Disziplin und emotionaler Distanz aus meinem Blickfeld zu verdrängen.
Es geschah ungefähr in diesem Stadium meiner spirituellen Suche, dass mich einer der Meister, bei denen

ich lernte, eines Abends beiseite nahm und mir ziemlich direkt sagte, es sei nun für mich an der Zeit zu begreifen, dass es keine wahren Meister gebe. Auch er sei nicht der wahre Meister, für den ich ihn hielte. Im Grunde erklärte er mir, dass er es zwar verstehe, in Bewusstseinsstufen vollkommenen Glücks zu verweilen, aber dass er dennoch nie damit zu Ende kommen werde, sich durch die unendlich verwickelten Einflüsse seiner Kindheit hindurchzuarbeiten.

Unser Weg ist ein Weg des kontinuierlichen Wachsens und Heilens, ein Prozess der fortwährenden, mühsamen Befreiung von gewohnheitsmäßigen, einengenden Gedanken und Gefühlen, damit der Geist sich weiterentwickeln kann und dabei doch nie die enge Verbindung mit den alltäglichen menschlichen Erfahrungen verliert. Mit jedem neuen Durchbruch erleben wir das Gefühl der Vollkommenheit auf der neu erreichten Bewusstseinsstufe. Und schon sehen wir den nächsten Schritt vor uns, die nächste Herausforderung, die nächste zu meisternde Aufgabe.

Wenn ich daher in diesem Kapitel davon spreche, dass wir im Verlauf unseres Heranwachsens Schaden nehmen, spreche ich damit keine Anklage oder gar Verurteilung aus. Ich trete lediglich dafür ein, dass wir wahrnehmen und uns eingestehen, dass bestimmte Erfahrungen unserer Kindheit uns heute noch daran hindern können zu meistern, was immer wir uns vorgenommen haben.

Wenn Sie lernen, aus Ihren »negativen« Kindheitserfahrungen Chancen des persönlichen Wachstums und der vollen Entfaltung Ihrer Fähigkeiten zu machen, beherrschen Sie einen der großen Kunstgriffe im Leben.

Betrachten Sie nun mit dieser Einstellung wieder Ihre Kindheit und Jugend und freuen Sie sich auf die Einblicke und Erkenntnisse, die auf Sie warten.

Lassen Sie uns zunächst Ihre Beziehung zu Ihrer Mutter näher betrachten. Denken Sie daran, dass wir nicht zurückblicken, um anderen die Schuld an unseren mangelnden Leistungen und Fortschritten in der Gegenwart zuzuweisen. Alle Mütter waren einmal selbst Kinder von Müttern, die einmal selbst Kinder von Müttern waren, die einmal selbst Kinder von Müttern waren – und so weiter und so fort, bis zurück zum Anbeginn der Zeit. Jeder von uns bekommt eine Fülle von familiären Beziehungsmustern und Denkweisen mit auf den Weg, die wir unsererseits an unsere Kinder weitergeben. Im besten Fall können wir das Basisprogramm, das wir mitbekommen haben, verbessern, und auf diese Weise kann jede Generation neue Stufen menschlichen Bewusstseins erreichen. Zuerst meistern wir unser Erbe, dann verändern wir es. Das ist es doch, was das Menschsein vom Standpunkt der Evolution aus gesehen ausmacht – oder nicht?

Zurück zu Ihrer Mutter! Sie lernten die elementarsten Dinge von ihr – oder einer anderen Person, die Ihnen die Mutter ersetzte. Sie lernten, Haut zu berühren, zu spüren. Sie lernten nach dem Vorbild der Lautäußerungen und Erklärungen Ihrer Mutter zu sprechen und zu denken, lernten von Ihrer Mutter, sich zu bewegen, sich verständlich zu machen und mit der Außenwelt in Kontakt zu treten. Das meiste davon erwarben Sie sehr früh und eher durch direkte Nachahmung als durch bewussteres Auswählen und Aneignen.

Jeden dieser winzigen Schritte zur Bewältigung der ersten Herausforderungen in Ihrem Leben machten Sie mit viel Hilfestellung Ihrer Mutter, die Ihnen eigentlich nichts weiter zeigte als ihre eigene perfekte Beherrschung dieser Aktivitäten.

Diese ersten Schritte unter Anleitung waren Ihr erster Kontakt mit dem Prozess fortschreitender Meisterschaft. Die Logik, mit der Ihre Mutter an die Lösung eines Problems heranging, war die erste Logik, mit der Sie Bekanntschaft machten. Wenn diese Logik überzeugend war, wenn Ihre Mutter ihre eigenen Aufgaben erfolgreich gemeistert hat, dann stehen die Chancen gut, dass Sie durch das Lernen am Vorbild diese Verhaltensweisen ebenfalls erworben haben.

Waren natürlich die Fähigkeiten Ihrer Mutter nur mangelhaft entwickelt und ihre Methoden der Aufgabenbewältigung nur wenig erfolgreich, dann haben Sie diese Verhaltensweisen ebenso sicher von ihr übernommen wie die Art und Weise, Worte auszusprechen oder ihre Eigenheiten, sich zu bewegen.

Überlegen Sie einmal, ob Ihre Mutter zu denen gehörte, die schnell und effektiv lernen können, oder eher zu jenen gehörte, die auf ihrem Weg zur Vollkommenheit im täglichen Leben vor unüberwindlichen Hindernissen stehen.
Halten Sie für einige Minuten mit dem Lesen inne, atmen Sie und geben Sie Ihrer Mutter Raum in Ihren Erinnerungen. Beobachten Sie, wie sie die einfachen Routinetätigkeiten im Haushalt ausführt, wie sie Türen öffnet und schließt, wie sie eine Bluse zuknöpft, wie sie Auto fährt, wie sie mit Freunden spricht, was sie an einem Tag gemacht hat, als Sie jung waren.

Mir geht es dabei vor allem darum, dass Sie Ihr Augenmerk darauf richten, wie Ihre Mutter sich bewegte. Tat sie es ganz bewusst, so dass ihr Körper in einem Zustand der Harmonie und Anmut war, oder hing sie meistens irgendwelchen Gedanken nach und freute sich nicht an ihren Bewegungen in der Gegenwart.

Wie ich an früherer Stelle schon gesagt habe, setzt Meisterschaft immer voraus, dass wir uns bewusst auf das konzentrieren, was wir gerade tun.

Die meisten von uns nahmen vor allem deshalb bei der Entfaltung ihrer Fähigkeiten Schaden, weil die Vorbilder unserer Kindheit, unsere Eltern und älteren Brüder und Schwestern und andere Personen in der Familie, sich kaum auf die Erfahrungen einließen, die sie in der Gegenwart machten. Sie waren in Gedanken schon in der Zukunft oder dachten an die Vergangenheit, anstatt ihre Aufmerksamkeit auf die Gegenwart zu richten.

Denken Sie einmal unvoreingenommen über Ihre Mutter in dieser Hinsicht nach. Lernten Sie von ihr, den gegenwärtigen Moment zu lieben, oder übernahmen Sie von ihr, ständig in Sorge zu sein, für die Zukunft zu planen oder in die Vergangenheit zu entweichen?

Ob wir eine körperliche Bewegung erlernen - wie wir beispielsweise einen Tennisball schlagen - oder eine geistige - wie wir aus einer Sache unsere Schlüsse ziehen - oder eine emotionale - wie wir zum Beispiel das Gefühl von Ärger oder Glück ungehindert fließen lassen - immer ist die Erfahrung eine absolute Gegenwartserfahrung. Meisterschaft gründet in der Fähigkeit, sich voll und ganz auf das zu konzentrieren, was genau in diesem Augenblick passiert. Wir lernen etwas, wenn wir etwas Neues *erfahren*. Und selbst die Freude darüber, eine Tätigkeit perfekt auszuführen, ist ein Gefühl in der Gegenwart.

Wir nehmen also Schaden, wenn wir Denkgewohnheiten annehmen, die uns von der Gegenwart wegführen. Ich will damit nicht sagen, dass Erinnern und Vorausplanen mentale Vorgänge ohne Wert seien. Doch zu bestimmten Zeiten ist es notwendig, dass wir uns in die Gegenwart zurückbringen, weil wir nur so in der Meisterung einer Aufgabe einen Schritt vorankommen können.

Die besten Lehrer und die wahren Meister sind also die Personen, die ihren Schülern helfen, sich völlig auf die Gegenwart zu konzentrieren, sodass sie Neues schnell und umfassend lernen und dabei ein Gefühl von Zufriedenheit und zuversichtlicher Freude empfinden. Wer dabei schon an die nächsten Schritte denkt, hindert sich selbst nur daran, diesen gegenwärtigen Schritt perfekt zu tun. Und ebenso hinderlich ist, zu viel über die bereits getanen Schritte nachzudenken.

Wenden Sie nun Ihre Gedanken Ihrem Vater oder einer Vaterfigur zu. Welche Lerngewohnheiten übernahmen Sie von diesem Mann? Half er Ihnen dabei, Ihre volle Aufmerksamkeit auf den Lernschritt zu richten, den Sie gerade taten? Führte er Sie vielleicht sogar durch eine ganze Reihe solcher Gegenwarts-Erfahrungen, bis Sie schließlich den ganzen Lernvorgang erfolgreich absolviert hatten? Oder trieb er Sie voller Ungeduld an und gab Ihnen nicht genügend Zeit, einen Schritt nach dem anderen zu tun?

Blicken Sie zurück in Ihre Kindheit und erinnern Sie sich daran, wie Ihr Vater Tätigkeiten ausführte, die sich im täglichen Ablauf wiederholten. Waren seine Bewegungen ausgewogen und harmonisch oder war er in Gedanken halb in der Vergangenheit oder in der Zukunft? Und wenn er vor neuen Aufgaben stand, ging er sie zuversichtlich und gezielt an oder waren seine Bemühungen eher ineffizient?
Neben dieser grundlegenden Programmierung Ihres Lern- und Leistungsverhaltens drohte immer auch noch ein anderer potenziell schädigender Einfluss: Ich meine damit Lob und Kritik, die Ihnen von wichtigen Personen in Ihrem Leben zuteil wurden.

Ein Meister ist jemand, der erkennt, welche Form des Lobs oder der konstruktiven Kritik einer Person am meisten nutzt, und der diese Bewertung klar und dabei liebevoll ausspricht. Wie schnitten Ihre Eltern in dieser Hinsicht ab? Hatten Sie für alles, woran Sie sich versuchten, übertriebenes Lob bereit, das der Realität nicht entsprach und Ihnen ein verzerrtes Bild Ihrer tatsächlichen Leistung vermittelte? Oder kritisierten Ihre Eltern gnadenlos alles, was Sie taten,

und wiesen Sie ständig auf Fehler hin, ohne zum Ausgleich auch einmal ein ermutigendes, lobendes Wort bereitzuhaben?

Kinder sind von Natur aus sehr empfänglich für Lob und sehr sensibel gegenüber Tadel. Wir alle waren leicht verletzlich, wenn unsere Bemühungen nicht angemessen gewürdigt wurden. Die meisten der Patienten, die mit Minderwertigkeitsgefühlen und geringer Selbstachtung zu mir kommen, wurden genau in dieser Hinsicht in ihrer Kindheit ernsthaft geschädigt. Und der Schaden blieb unbehoben, bis sie bewusst aktiv wurden, um das in Abhängigkeit von der Meinung der Eltern entstandene Selbsturteil zu überwinden und selbstständig ein eigenes Bild von sich zu entwickeln.

Wie schätzen Sie gegenwärtig Ihre Fähigkeiten ein, neue Herausforderungen im Leben zu meistern und Schritt für Schritt ein hohes Leistungsniveau zu erreichen, wenn Sie eine neue Aufgabe in Angriff nehmen? Sehen Sie sich selbst als einen erfolgreichen Menschen? Oder ist

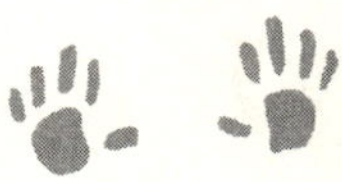

Ihr Selbstwertgefühl nur sehr gering ausgeprägt und setzen Sie sich in Ihrer Meinung selbst herab? Atmen Sie und sehen Sie, welche Gedanken und Bilder in Ihnen aufsteigen.

Kinder, deren Eltern es an realistischem Lob und aufbauender Kritik fehlen ließen, neigen später dazu, ihre eigenen Kinder in derselben Weise großzuziehen – oder aber in das andere Extrem zu fallen, was genauso viel Schaden anrichten kann.
Wie verhalten Sie sich als Erwachsener Ihren eigenen Kindern oder anderen Personen gegenüber? Verteilen Sie Lob und Kritik auf ausgewogene und kluge Weise? Oder beurteilen Sie die Leistungen anderer entweder überkritisch oder überschwänglich lobend, was insbesondere bei Kindern dazu führen kann, dass sie ein schiefes Bild von der Realität und von ihren tatsächlichen Fähigkeiten bekommen?

Am Ende dieses Kapitels möchte ich Ihnen viel Zeit mit sich schenken, damit Sie sich an eine Reihe von Lehrern auf Ihrem Weg zur Meisterschaft erinnern können. Denken Sie zum Beispiel an Lehrer in der Schule zurück, an solche, die Ihre Entwicklung förderten, und an andere, die Ihnen schadeten und Sie vom Weg des Erfolgs abbrachten. Erinnern Sie sich auch daran, wie andere Kinder Sie mit herabsetzender Kritik verletzten. Erinnern Sie sich ebenso an Dinge, die Ihnen besonders gut gelangen und für die Sie auch angemessen gelobt wurden.

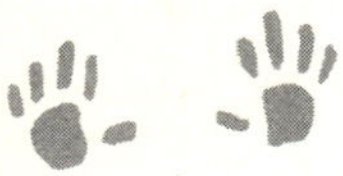

KAPITEL SECHS

Vertrauen Sie auf Ihre Fähigkeiten

Wir haben nun viel Zeit damit zugebracht, Ihnen Ihre Lernerfahrungen der Vergangenheit bewusst zu machen. In diesem Kapitel wenden wir uns nun der Gegenwart zu und wollen herausfinden, welches Bild Sie von Ihren eigenen Fähigkeiten haben – denn es gibt einen Zusammenhang zwischen diesem Bild und Ihren tatsächlichen gegenwärtigen Leistungen.

Alle Erfahrungen, die wir im Leben machen, werden durch den Teil unseres Gehirns gefiltert, der unser Bild von uns selbst bestimmt. Jeder von uns hat sich im Laufe der Zeit eine ganze Reihe von Meinungen über seine Fähigkeiten, die Aufgaben des Lebens zu meistern, gebildet – und in der Tat bestimmen genau diese Meinungen, wie wir auf jede neue Herausforderung reagieren.

Es sind daher nicht unbedingt unsere tatsächlichen Fähigkeiten, die über unsere Leistung in der einen oder anderen Situation entscheiden – sondern vielmehr die Einstellung, mit der wir an die jeweilige Aufgabe herangehen. Wenn wir zum Beispiel aufgrund früherer Erfahrungen der Meinung sind, dass wir einfach nicht Golf spielen oder einen Kuchen backen oder eine geschäftliche Angelegenheit regeln können, dann werfen wir uns mit dieser negativen Einschätzung selbst Knüppel zwischen die Beine, bevor wir unsere wirklichen Talente entdecken konnten.

In diesem Kapitel möchte ich Ihnen dabei helfen, eine realistische Einstellung zu Ihren Fähigkeiten in vielen verschiedenen Bereichen des Lebens zu gewinnen. Wenn Sie Ihre tatsächlichen Fähigkeiten, Ihre vergangenen Erfolge und Ihre Einstellung zum Erfolg bewusst unter die Lupe nehmen, bringen Sie dadurch einen außerordentlich gewinnbringenden Prozess in Gang, in dessen Verlauf Sie Ihre vorhandenen, oft hinderlichen Einstellungen ändern und Ihre Leistungen erheblich verbessern können.

Unbestreitbar wird jeder von uns mit besonderen Talenten geboren, die ihn befähigen, einen bestimmten Typ von Aufgaben zu bewältigen, und ebenso gibt es bei jedem von uns auch Bereiche, in denen er nicht besonders begabt ist. Jedes Gehirn ist auf seine Weise einzigartig und verfügt über ein spezielles Leistungsvermögen, so wie jeder Körper genetisch mit gewissen Stärken und Schwächen ausgestattet ist.

Es gehört zu unseren primären Aufgaben im Leben, unsere Stärken und Schwächen zu erkennen und an beiden zu arbeiten. Lassen Sie mich Ihnen jetzt eine Liste mit Fragen präsentieren, anhand derer Sie Ihr persönliches Entwicklungspotenzial einschätzen lernen.

Körperliche Leistungsfähigkeit

Überlegen Sie zunächst, welche körperlichen Aktivitäten Sie perfekt und mit Anmut ausüben können.

1) Sind Sie in irgendeiner Sportart gut gewesen?
2) Haben Sie sich Ihre körperliche Leistungsfähigkeit so weit bewahrt, dass Sie in einem Sport Ihrer Wahl gute Leistungen erzielen können?
3) Vermeiden Sie es, aktiv an sportlichen Aktivitäten teilzunehmen, weil Sie nach Ihrem eigenen Urteil dazu nicht fähig sind?
4) Bewegen Sie sich im Allgemeinen gern?
5) Bewegen Sie sich ganz selbstverständlich mit natürlicher Anmut, egal, was Sie gerade tun?
6) Beherrschen Sie die hohe Kunst, Ihren Körper gesund und in Form zu halten?
7) Hätten Sie gern eine bessere Meinung von Ihrer körperlichen Tüchtigkeit?

Damit Ihnen diese Fragen auch wirklich nützen, lassen Sie mich Ihnen zunächst ein spezielles therapeutisches Verfahren erläutern; ich wende es bei meinen Patienten an, wenn ich Fragen stelle, die in den tiefen Schichten ihres Unterbewusstseins eine Resonanz erzeugen sollen. Beginnen Sie wieder damit, dass Sie sich ganz und gar in die Gegenwart bringen, wie ich es Ihnen beigebracht habe; atmen Sie und spüren Sie dabei, wie die Luft durch Ihre Nase ein- und ausströmt; beziehen Sie nun auch die Atembewegungen von Brust und Bauch in Ihre bewusste Wahrnehmung ein; werden Sie sich schließlich Ihres ganzen Körpers hier in der Gegenwart bewusst.

In diesem Zustand erhöhter Bewusstheit, den Sie mit jedem Mal besser beherrschen werden, lesen Sie nun jede einzelne Frage, zunächst so, wie sie dasteht, dann an sich selbst gerichtet, indem Sie aus dem ›Sie‹ ein ›Ich‹ machen. Lesen Sie also die Frage eins auf der vorangehenden Seite und fragen Sie dann sich selbst: »Bin ich in irgendeiner Sportart gut gewesen?«

Während die Frage in Ihren Gedanken noch nachklingt, schließen Sie nun die Augen, konzentrieren Sie sich auf Ihre Atmung, wiederholen Sie die Frage noch einmal – und lassen Sie sie nun ruhig von innen heraus auf sich wirken, während Sie weiter auf Ihre Atmung achten.

In diesem Zustand werden Sie fast immer erleben, wie Gefühle und Bilder, Erinnerungen und Einsichten ohne Anstrengung aus dem Gedächtnis aufsteigen – und sich die Grenzen Ihrer Selbsteinschätzung zu weiten beginnen.
Ich möchte Ihnen daher jetzt empfehlen, dass Sie sich ausreichend Zeit nehmen, über jede meiner sieben Fragen noch einmal nachzudenken und dabei jede einzelne Frage tief zu ergründen.

Da Sie nun erste Erkenntnisse über Ihre Einstellungen zu Ihrem Körper gewonnen haben, wollen wir die Fragen noch erweitern und Ihre Einsichten vertiefen.

8) Welche körperlichen Aktivitäten, die Sie mit Vergnügen und Anmut, Selbstvertrauen und Vollendung ausführen, praktizieren Sie regelmäßig?
9) In welchen körperlichen Aktivitäten möchten Sie sich noch steigern?
10) Wie gut beherrschen Sie Ihren Körper?

Nehmen Sie sich wieder jede dieser Fragen einzeln vor und reflektieren Sie in der beschriebenen Weise darüber, die ich Ihnen auf den vorangehenden Seiten beigebracht habe, sodass Sie zum Kern der Fragen vordringen können.

Geistige Leistungen

Wie gewaltig ist doch der Raum, den das Denken in unser aller Leben einnimmt! In diesen modernen Zeiten rangiert es noch vor der körperlichen Aktion. Und immer ist es die meisterliche Leistung des Geistes, die eine körperliche Aktion erfolgreich macht. In diesem Abschnitt soll es um Ihre Fähigkeit gehen, bestimmte kognitive Prozesse schnell und präzise und dabei auch mit Vergnügen auszuführen. Und wieder möchte ich Ihnen hierzu einige grundlegende Fragen stellen, um Sie zum Nachdenken über Ihre eigenen Fähigkeiten anzuregen.

1) Waren Sie gut in der Schule?
2) Hatten Sie Spaß am Lernen?
3) Wenn Sie heute vor einem Problem stehen, können Sie es Schritt für Schritt mit den Methoden lösen, die Sie in der Schule gelernt haben?
4) Was halten andere von Ihren kognitiven Fähigkeiten?
5) Welches waren Ihre besten Fächer in der Schule?
6) Welche Fächer fanden Sie am schwierigsten und am wenigsten interessant?
7) Halten Sie sich auch als erwachsene Person geistig in Form?

Wieder möchte ich Sie dazu anregen, jede Frage einzeln zu lesen, danach die Augen zu schließen, sich auf Ihre Atmung zu konzentrieren, die jeweilige Frage in der Ich-Form zu wiederholen und die Erinnerungen, Bilder und Einsichten in sich aufsteigen zu lassen, die Ihren Meisterschafts-Status betreffen.

Wir alle sind letztlich selbst verantwortlich für unser Denken, und deshalb ist die Vervollkommnung unseres Denkens unsere ureigenste persönliche Aufgabe, der wir auch ohne den Druck von Schule und Arbeitsplatz nachkommen sollten. Wir müssen die grundlegenden, inhärenten kognitiven Prozesse des menschlichen Verstandes beherrschen, so weit es nur irgend geht – und jede unserer Denkleistungen vor uns selbst anerkennen. Genauso wichtig ist es, dass wir negative Einstellungen gegenüber geistiger Anstrengung und geistigen Problemstellungen ablegen, sodass wir auch bei unseren mentalen Aktivitäten Vergnügen empfinden.
Auch hierzu wieder ein paar Fragen, die Ihnen helfen, sich selbst klarer zu sehen.

8) Lösen Sie gerne schwierige Aufgaben?
9) Welches Problem haben Sie vor kurzem zu Ihrer Zufriedenheit durch Nachdenken gelöst?
10) Sind Sie der Meinung, dass Sie lernen könnten, Ihre geistigen Funktionen besser zu beherrschen?
11) Können Sie in diesem Moment spüren, dass Ihr Verstand bewusst arbeitet?

12) Sind Sie mit Ihrer Art des Denkens und der Problemlösung zufrieden oder würden Sie in bestimmten Bereichen Ihre Denkleistung gerne steigern?

Nehmen Sie wahr, wie diese Fragen genau jene Denkprozesse in Gang setzen, über die wir hier sprechen, und beobachten Sie, wie meisterlich Sie über die Fragen nachdenken.

Emotionale Reife

Auch Ihr Gefühlsleben wird von Ihren Einstellungen geprägt. Wieder ein paar Fragen, die Klarheit in oft verworrene Zusammenhänge bringen und Ihrer Selbsteinschätzung helfen.

1) Haben Sie den Eindruck, von Ihren Gefühlen beherrscht zu werden, oder können Sie, wenn Sie wollen, Ihre Gefühle kontrollieren?
2) Fühlen Sie sich oft quälenden Gefühlen ausgeliefert oder können Sie sich willentlich aus einer bedrückenden Stimmung befreien?

3) Ist Ihre Stimmung normalerweise ausgeglichen oder gibt es einige wenige Gefühle, die Ihr Leben dominieren?
4) Beherrschen Sie die hohe Kunst, Distanz zu Situationen zu gewinnen, die Sie übermäßig beunruhigen?

5) Beherrschen Sie ebenso die Fähigkeit, sich in geeigneten Momenten Ihren Gefühlen völlig hinzugeben?

Diese Fragen werden sich als besonders wirkungsvoll erweisen, wenn Sie wieder die einfache Reflexionstechnik anwenden, die ich Ihnen zu Beginn dieses Kapitels aufgezeigt habe. Wichtig ist dabei, dass Sie sich immer Ihrer Atmung bewusst bleiben, während Gefühle und Einsichten an die Oberfläche kommen – und dass Sie sich von bedrängenden Gefühlen befreien, indem Sie durch den Mund atmen. Versuchen Sie das nun anhand der fünf Fragen und schließen Sie bei jeder Frage für fünf, zehn oder zwanzig Atemzüge die Augen.

Auch hier möchte ich nach Ihren ersten Erlebnissen den Fragenkatalog zu Ihrer emotionalen Reife noch erweitern. Ihre Gefühle zu beherrschen bedeutet, dass Sie sie unter Kontrolle haben, wenn Sie es wollen, und dass Sie ihnen freien Lauf lassen, wenn es richtig und angemessen erscheint – und schließlich gilt es in jeder neuen Phase Ihres Lebens, neue emotionale Herausforderungen zu meistern.

Im Grunde ist es in erster Linie das Zusammenspiel der Wahrnehmungen, Gedanken und daraus resultierenden emotionalen Reaktionen, das uns ein Bewusstsein unserer selbst vermittelt. Daher kann die Beherrschung der Gefühle eigentlich nicht von der

Beherrschung der Gedanken getrennt werden. Wir können bisweilen rein verstandesmäßig denken ohne Beteiligung der Gefühle – aber fast immer werden unsere Emotionen durch Gedanken stimuliert. Vergessen Sie deshalb nicht, dass jede Weiterentwicklung ein komplexer Vorgang ist, auch wenn ich hier Gefühle und Denken trenne. Viel zu oft geschieht es, dass Leute ihre kognitiven Fähigkeiten bis zur Perfektion entwickeln, es jedoch versäumen, ihre emotionalen Reaktionen zu beherrschen. So sind sie vielleicht erfolgreich als Gelehrte oder Geschäftsleute und gleichzeitig furchtbar verwirrt und unfähig, Ihre Gefühle zu kontrollieren, wenn es um engere emotionale Beziehungen geht.

6) Sind Sie mit Ihrem Gefühlsleben zufrieden?
7) Gibt es Schwächen und Zwänge in Ihrem Gefühlsleben, die zu überwinden Sie lernen müssen?
8) Welche Ihrer Gefühlsäußerungen genießen Sie und stufen Sie zudem als Ausdruck Ihrer Reife ein?
9) Bei welchen Gefühlsäußerungen empfinden Sie sich als unreif?
10) Verspüren Sie den Wunsch, unter praktischer Anleitung Ihr Verhältnis zu Ihren eigenen Gefühlen zu verbessern?

Intuitive Einsichten

Über die drei grundlegenden menschlichen Funktionen des Denkens, Fühlens und der körperlichen Bewegung hinaus haben wir in uns einen vierten Bereich des Bewusstseins und des Agierens, den wir spirituelle Meisterschaft, Weisheit, erhöhte Aufnahmefähigkeit, Transzendenz oder intuitive Einsicht nennen können. Es ist unbestritten, dass es Intuition als eine spezielle Funktion des menschlichen Geistes gibt, trotzdem verfügen wir bis heute nur über sehr wenige gesicherte wissenschaftliche Informationen. Ich habe ganze Bücher zu diesem Thema geschrieben und kann Ihnen daher in diesem Kontext nur generell die Richtung weisen, wie Sie auch diesen Prozess meistern können. Einige Leute sagen, Weisheit könne nicht willentlich gefördert werden, ich glaube jedoch nicht, dass Weisheit etwas ist, das sich einstellt, wenn Sie nur passiv herumsitzen und darauf warten, sondern, ganz im Gegenteil, sehr wohl bewusst erworben werden kann. Der spirituelle Weg scheint mühelos zu sein, aber es bedarf einer Menge aktiver Vorbereitung, bevor uns die Erkenntnis wie ein Blitz durchfährt. Lassen Sie uns nun sehen, was Sie von Ihren gegenwärtigen intuitiven Fähigkeiten halten.

1) Sind Sie ein intuitiver Mensch?
2) Haben Sie bereits Erfahrungen mit spirituellen Ebenen des Bewusstseins gemacht, die jenseits von Denken und Fühlen zu liegen scheinen?
3) Kennen Sie praktische Verfahren, mit denen Sie intuitive Einsichten fördern können?
4) Sind Ihre mentalen und emotionalen Fähigkeiten so voll entwickelt, dass Sie Ihre Gedanken und Gefühle zur Ruhe bringen und sich spirituellen Erfahrungen öffnen können?
5) Würden Sie gerne Ihre Fähigkeit, in Bereiche erweiterten Bewusstseins eintreten zu können, weiterentwickeln?

Nehmen Sie sich nun zum letzten Mal in diesem Kapitel Zeit, um jede einzelne dieser Fragen noch einmal zu lesen und in der beschriebenen Form darüber zu reflektieren, die Sie nun schon kennen.

Ich würde mich freuen, wenn Sie sich in den kommenden Tagen und Wochen dieses Kapitel immer wieder einmal vornehmen und jede dieser Fragen mehrmals durchgehen, um auf diese Weise immer tiefer in die Bereiche Ihrer Person einzudringen, die mit diesen Fragen gezielt angesprochen werden sollen.

KAPITEL SIEBEN

Es ist nie zu spät

Leider ist in psychologischer wie neurologischer Hinsicht etwas Wahres an dem Sprichwort »Was Hänschen nicht lernt, lernt Hans nimmermehr«. Kleine Kinder können zum Beispiel in einer bestimmten Phase ihrer Entwicklung eine neue Sprache bemerkenswert leicht erlernen. Ab dem siebten oder achten Lebensjahr fällt dieser Lernprozess schon wesentlich weniger leicht. Und im Alter von etwa zwanzig Jahren wird das Erlernen einer neuen Sprache für die meisten von uns wirklich schwierig.

Kinder sind zunächst und vor allem lernende Wesen – die große Herausforderung des Lebens besteht für sie darin, so viele Fähigkeiten wie möglich zu erwerben, um später, wenn sie erwachsen sind, allein überleben zu können. Da Menschen jedoch sehr komplexe Wesen sind, kommt ihnen die Fähigkeit zu lernen später keineswegs abhanden – in gewisser Hinsicht wird sie sogar vertieft –, auch wenn es uns umso schwerer erscheint, etwas zu meistern, je älter wir werden.

Dieses Kapitel ist also jenen unter uns gewidmet, die das Alter von etwa fünfundzwanzig Jahren überschritten haben, die also über die erste Blüte des Lernens hinaus sind, die jedoch den Lernprozess wieder in Gang bringen wollen und sich bis an ihr Lebensende immer weiter vervollkommnen möchten. Diese Weiterentwicklung hat verschiedene Aspekte und ich werde jedem davon ein eigenes Kapitel widmen.
Wir richten unsere Aufmerksamkeit zunächst darauf, die »Abenteuerlust« für das Lernen wiederzugewinnen. Kinder beginnen nicht zu lernen, weil man sie dazu zwingt. Sie lernen, weil sie neugierig sind auf die Welt und weil sie es aufregend finden zu entdecken, was man mit den Dingen in ihrer Umgebung alles anfangen kann.
Wie steht es mit Ihnen? Haben Sie diesen Forschergeist verloren, wurde er Ihnen ausgetrieben durch zu viel erzwungenes Üben und zu viel mechanisches Auswendiglernen?
Eine gute Möglichkeit, das Aufregende am Lernen wieder zum Leben zu erwecken, ist, in der Erinnerung zu früheren Lernerfahrungen zurückzukehren und noch einmal zu erleben, wie Sie etwas Neues über sich selbst und über die Welt entdeckten.

Erinnerungen dieser Art stellen sich in der Regel sehr leicht ein, wenn Sie sich einfach einige Minuten Zeit nehmen, das Buch nach Lesen dieses Abschnitts zur Seite legen und sich an jeder Erinnerung freuen, die an die Oberfläche kommt.

Halten Sie wie zuvor zunächst einige Minuten inne, werden Sie sich Ihrer Atmung und Ihres Körpers hier in der Gegenwart bewusst – und öffnen Sie sich dann in diesem Zustand erweiterten Bewusstseins allen in Ihrem Gedächtnis aufsteigenden Bildern und Erinnerungen an die frühen vergnüglichen Erfahrungen begeisterten Lernens. Schließen Sie die Augen, wenn es das Erinnern einfacher macht, und genießen Sie die Empfindungen, die Sie dabei wieder entdecken.

Einer der großen Spaßverderber beim Lernen ist Zeitdruck – und fast jeder von uns wurde schon in der Kindheit, vor allem in der Schule, unter Zeitdruck gesetzt. Anstatt aus Freude an der Sache lernten wir nun aus Angst vor Strafe. Und so wurde das Lernen selbst von den meisten von uns mit negativen Assoziationen besetzt.

Wie kommen wir als Erwachsene davon wieder los? Wie befreien wir uns von diesen vor vielen Jahren entstandenen negativen Assoziationen?

Ganz einfach: Stellen Sie bewusst neue Gedankenverbindungen her und fegen Sie die alten, negativen damit beiseite.

Nehmen wir das Kochen als Beispiel. Auch wenn Sie vielleicht normalerweise nicht gerne kochen. Überlegen Sie, was Sie gerne essen würden, und nehmen Sie dann ein Kochbuch, in dem beschrieben ist, wie Sie dieses Gericht perfekt zubereiten.
Machen Sie sich immer wieder bewusst, wie Sie normalerweise einen solchen schöpferischen Prozess angehen. Achten Sie besonders darauf, ob Sie Ihr bewusstes Atmen vergessen, wenn Sie beginnen, dem Rezept zu folgen. Und achten Sie darauf, ob Sie sich unter Zeitdruck fühlen, selbst wenn objektiv keiner vorhanden ist!
Eine der wahren Quellen des Vergnügens bei der Arbeit ist das richtige Tempo. Und Gleiches gilt auch für das Lernen: Es gelingt am besten, wenn wir gelassen und entspannt vorgehen und das Vergnügen am Lernvorgang selbst dabei nicht zu kurz kommt. Wenn Sie zu schnell durch den Lernprozess hasten, werden sie die einzelnen Schritte einfach nicht behalten können – und Sie werden es nie zur Meisterschaft bringen, wie oft Sie den Vorgang auch wiederholen.
Lassen Sie uns noch eine Weile bei der Kochlektion bleiben, da wir noch mehr daraus lernen können. Überlegen Sie, welche Qualitäten gefragt sind, wenn wir ein neues Rezept in den Griff bekommen wollen. Denken, Fühlen, körperliche Bewegungen, präzise Handgriffe, Intuition – was davon werden

Sie sich zunutze machen, welche allgemeinen menschlichen Fähigkeiten einsetzen, um ein perfektes Soufflé oder einen gelungenen Schokoladenkuchen zustande zu bringen?

Die ersten drei der genannten werden mit Sicherheit auf den Plan gerufen, und wenn Sie wie ich sind, werden Sie ein wenig Raum lassen wollen für spontane Modifikationen des Rezeptes, sodass Sie das Gefühl haben, an einem schöpferischen Vorgang beteiligt zu sein, der über die rein mechanischen Handhabungen hinausgeht.

Am Anfang steht wieder die Meditation, die Sie voll und ganz in die Gegenwart bringt, in der dieser schöpferische und meisterliche Akt stattfinden wird.

Dann ist Ihr Verstand gefordert, wenn Sie das Rezept lesen und entscheiden, wie Sie sich die Arbeit organisieren, sodass Sie die Zutaten immer griffbereit haben.

Dann koordinieren Sie Verstand und Körper, sodass Sie die verschiedenen präzisen Hand- und Körperbewegungen ausführen können, die die Zubereitung der Speise laut Rezept erfordert.

Und genau hier kommen wir zu den Gefühlen! Während Sie den Kochanweisungen folgen, können Sie sich entweder negativen Gefühlen hingeben, die Ihre Gedanken auslösen, wenn Sorgen um die Zukunft oder Versäumnisse der Vergangenheit sich in die Gegenwart drängen – oder Sie können Meister Ihrer Gefühle und Gedanken sein, sich auf Ihr Werk in der Gegenwart konzentrieren und sich erlauben, einfach Spaß zu haben!

Als wir noch Kinder waren, erlaubten uns Eltern und Lehrer oft, uns für eine Weile einfach zu vergnügen, und so rannten wir los und versuchten uns an allem, was uns an Herausforderungen begegnete. Als Erwachsene haben wir in der Regel niemanden, der uns erlaubt, uns einfach zu vergnügen. Und deshalb zeige ich in meinen Büchern, wie Sie sich selbst diese Erlaubnis geben können. Tun Sie es nämlich nicht, dann bleiben Sie in Gewohnheiten gefangen, die oft überhaupt nicht vergnüglich sind – aufgrund früher Programmierung jedoch beibehalten werden.

Ich weiß, es klingt fast zu einfach, und doch ist es so überaus wirkungsvoll, am Anfang einer Tätigkeit, sei es beim Kochen oder bei etwas anderem, darauf zu achten, ob wir mit Vergnügen bei der Sache sind, und uns, falls notwendig, die Erlaubnis zu geben, Spaß zu haben.

Wie machen Sie das, Spaß haben? Vor allem ist es eine körperliche Erfahrung. Vergnügen liegt in der Verbindung von körperlichen und emotionalen Regungen. Atmen Sie daher zunächst einige Male tief durch, anstatt gewohnheitsmäßig flach zu atmen. Bewegen Sie Ihren ganzen Körper und genießen

Sie einfach Ihre Bewegungen. Und sehen Sie dann, ob Sie die ersten Handgriffe, die das Rezept vorsieht, mit anmutiger, spielerischer, vergnüglicher Präzision ausführen können – damit beginnt Meisterschaft fast immer, ob Sie jung oder alt sind!
Meisterschaft hängt fast immer auch davon ab, dass Sie Ihre Sinne begleitend zu Ihren Bewegungen gebrauchen, dass Sie mit Vergnügen zusehen, wie das Werk entsteht, mit Vergnügen probieren, wie die Zutaten riechen und schmecken, dass Sie Spaß daran haben, mit all den Utensilien zu hantieren – all Ihre Sinne sind Quellen der Freude und helfen Ihnen zudem beim Lernen. Wenn Sie sich auf Ihre sinnlichen Wahrnehmungen konzentrieren, werden Sie eine körperliche Aufgabe viel schneller bewältigen, als wenn Sie im Wettlauf gegen die Uhr arbeiten und über künftige Schritte nachdenken anstatt den zu genießen, den Sie gerade machen.
Wenn Sie sich auf Ihren Körper und Ihre Sinne eingestellt haben und auf die Schritte, die laut Rezept nacheinander auszuführen sind, dann sind Sie bereit, das tatsächliche Vermengen der Zutaten und deren Verwandlung in Ihre ureigene Kreation zu genießen. Wenn Sie entspannt atmen und mit Herz und Seele bei der Sache sind, dann werden Sie feststellen, dass Sie fröhlich vor sich hin pfeifen bei der Arbeit und dass Sie die verschiedenen Stadien der

Zubereitung schnell beherrschen. Und am Ende, wenn Sie ganz im Sinne des Rezeptes vorgegangen sind, wird sich das schöne Gefühl einstellen, etwas Handfestes geleistet zu haben und Ihren Freunden und sich selbst etwas Hervorragendes zum Essen anbieten zu können.

Das Beispiel des Kochens steht hier stellvertretend für die meisten Aufgaben, denen wir uns stellen. Denn fast immer sind zumindest einige feststehende Schritte zu befolgen, wenn das Werk gelingen soll. Praktische Ratgeber, Werk- und Bastelbücher gibt es für fast alle denkbaren Bereiche. Sie können wahrscheinlich sogar eine Gebrauchsanleitung für das Basteln einer Atombombe erhalten, nur um Ihnen die Bandbreite dieser Art von Büchern zu zeigen. Natürlich hoffe ich, dass Sie lieber Schokoladenplätzchen backen, doch bei der Ausführung sind es hier wie dort dieselben grundlegenden Schritte, die zum Erfolg führen – Anweisungen befolgen, sich auf die Gegenwart konzentrieren, Gefühle und Wahrnehmungen im Gleichgewicht halten und die Verantwortung für das übernehmen, was bei unserer Aktion entsteht.

Noch eine andere Regel ist bei der Re-Aktivierung des Lernprozesses zu befolgen. Gute Lehrer wissen, dass sie einem Kind nie eine Aufgabe stellen sollten, die sein gegenwärtiges Fassungsvermögen übersteigt. Und dasselbe gilt auch für Erwachsene – geben Sie daher Acht, dass Sie nicht andauernd Aufgaben übernehmen, die Ihre Kompetenz im Augenblick übersteigen und nur dazu führen, dass Sie scheitern und sich in Ihrer negativen Meinung über Ihre Fähigkeiten bestätigt sehen. Wenn Sie sich immer zu hohe Ziele stecken, werden Sie umso tiefer fallen und sich schrecklich und unnütz fühlen.

Überlegen Sie einmal, ob Ihre Eltern Sie vor realisierbare Aufgaben stellten oder ob Sie ständig überfordert wurden.

Inwieweit nehmen Sie heute noch Aufgaben in Angriff, deren Schwierigkeitsgrad demjenigen entspricht, mit dem Ihre Eltern Sie überforderten? Haben Sie eine realistische Einstellung zu Ihren Lernfähigkeiten gewonnen und können Sie gut damit leben, oder wollen Sie ständig zu hoch hinaus und fallen dabei auf die Nase, sodass Sie letztlich den Versuch aufgegeben haben, wirklich noch etwas Neues im Leben zu lernen?

Ich möchte mit Ihnen an dieser Stelle wieder eine kurze Übung machen, die Ihnen sehr treffend die Erfahrung vermittelt, um die es mir hier geht. Sie ist zugleich eine sehr schöne Meditation über Vollkommenheit, die Sie oft machen sollten. Schauen Sie sich jetzt um und betrachten Sie all die Dinge im Raum, die sie in wenigen Minuten vielleicht in die Hand nehmen und hochheben möchten. Stellen Sie sich vor, Sie würden jedes Objekt, auf das Ihr Auge fällt, in die Hand nehmen und hochheben, eines nach dem anderen, und atmen Sie in das Gefühl hinein, einen Gegenstand mit vollkommen anmutigen Bewegungen hochzuheben und dann wieder abzusetzen.

Was wir dabei erkennen, ist, dass die einfachsten Aufgaben das Tor zu einer ekstatischen Erfahrung vollkommener Meisterschaft in einem gegebenen Augenblick sein können. Darum geht es beim Tanzen und bei den meisten Sportarten – uns einfach so zu bewegen, dass wir es zu vollkommener Präzision und Harmonie bringen, während wir das angestrebte Ziel verfolgen. Es überrascht nicht, dass die besten Athleten diejenigen sind, bei denen wir nicht nur größte Präzision, sondern auch größte Harmonie beobachten können. Sie sind Meister, weil Sie voller Hingabe und natürlich auch unter Einsatz Ihres Talents Ihre Aufmerksamkeit gezielt auf einige ganz bestimmte ausgewählte Bewegungen richten, so lange, bis sie völlig in ihren Bewegungen aufgehen, sich ganz auf die Gegenwart konzentrieren und ungeteilt das Gefühl ihrer Vollkommenheit genießen können.

Das Gleiche können auch Sie tun, und zwar jetzt bei meiner Miniaturausgabe der Olympischen Spiele, an der teilzunehmen ich Sie einlade – zunächst als Neuling und dann sehr schnell als Profi. Ich mache diese Meditation viele Male am Tag, indem ich einfach auf irgendeinen Gegenstand zugehe, der mir ins Auge fällt, ihn berühre und dann sehe, wie vollkommen ich ihn in die Hand nehmen und hochheben und dann wieder absetzen kann. Manche Leute halten mich für etwas einfältig, wenn Sie beobachten, wie konzentriert und hingebungsvoll ich diese unsinnige Tätigkeit ausführe – doch es gibt solche Menschen immer und überall, also schenken Sie ihnen am besten keine Beachtung.

Jetzt ist es Zeit zu handeln. Werden Sie sich Ihrer Atmung bewusst und lassen Sie Ihre Augen sanft umherwandern, bis sie auf einen Gegenstand fallen, den Sie ohne Probleme anheben können, gehen Sie dann zu diesem Objekt, atmen Sie weiter ganz bewusst und sehen Sie, ob Sie bewusstes Atmen und die geplante Aktion vereinbaren können – nämlich mit vollkommen harmonisch koordinierten Bewegungen das Objekt Ihrer Wahl hochzuheben und es dann mit der gleichen Eleganz wieder abzusetzen. Geben Sie Ihr Bestes!

Ich muss Ihnen gestehen, dass gerade diese Meditation über die Vollkommenheit seit der Geburt meines jüngsten Sohnes eine besondere Bedeutung für mich bekommen hat. Ich fühlte mich nämlich zunächst schrecklich unbeholfen, wenn ich ihn hochnahm, im Arm hielt und wieder hinlegte, da es viele Jahre her war, seit ich zuletzt ein Neugeborenes im Arm gehalten hatte. Mein Sohn sitzt übrigens in seiner Wippe und tut so, als höre er gerne zu, wie ich die Tasten bearbeite, während ich an diesem Kapitel schreibe und gleichzeitig auf ihn aufpasse, und als es eben an der Zeit war, aufzustehen und etwas hochzuheben, ging ich einfach zu ihm und nahm ihn hoch – dabei durchströmte mich das Hochgefühl der wiedergewonnenen Fähigkeit, ein Baby vollkommen sanft hochzunehmen und wieder hinzulegen. Der alte Hans ist also doch auch noch lernfähig!
Natürlich bemerke ich (da ich Vater und Atemtherapeut in einer Person bin), dass viele meiner Freunde, die schon seit längerer Zeit kein Baby mehr im Arm gehalten haben, den Atem anhalten, wenn ich ihnen meinen Sohn in den Arm lege. Dadurch untergraben sie selbst ihre Fähigkeit, sich dabei koordiniert und harmonisch zu bewegen, und am Ende der Erfahrung stehen sie etwas außer Atem und mit einem unbehaglichen Gefühl da. Welchen entscheidenden Einfluss die bewusste

Atmung auf jede Art der körperlichen Bewegung hat, werden Sie bei sich selbst feststellen, sobald Sie wieder einen Gegenstand in die Hand nehmen und hochheben!
Wenn Sie diese Weisheit in sich wieder entdecken, die Sie als Kind ganz selbstverständlich hatten, dann jedoch irgendwo unterwegs zum Erwachsenwerden verloren, dann sind Sie schon auf dem besten Weg zu Ihrem Ziel, neue Herausforderungen besser meistern zu können. Lernen sollte eine Erfahrung sein, die den ganzen Körper einbezieht – das fördert den Lernprozess ebenso wie das Vergnügen daran.

KAPITEL ACHT

Lassen Sie Disziplin und Vergnügen eins werden

Disziplin und Vergnügen werden selten in einem Atemzug genannt. Normalerweise geht man davon aus, dass sie unvereinbare Gegensätze sind, dass man nicht Disziplin üben und gleichzeitig Spaß haben kann. In diesem Kapitel möchte ich versuchen, gegen solche Vorstellungen anzugehen, und ich möchte darlegen, wie Disziplin und Vergnügen im Prozess des Lernens vielmehr dynamisch ineinander greifen.

Wenn Sie eine Aufgabe meistern wollen, müssen Sie zumindest ein wenig Disziplin aufbringen, würden Sie mir so weit zustimmen? Wenn Sie konzentriert eine Reihe von geistigen und körperlichen Tätigkeiten angemessen ausführen wollen, bedarf es dazu vorab eines bewussten willentlichen Aktes.

Dem Wort Disziplin liegt das lateinische »discipulus« zugrunde, das »Schüler, Lehrling« bedeutet. Das biblische »discipulus« bezeichnete speziell den Schüler Jesu, der seinem Herrn folgte und sich dessen Lehre vollkommen zu eigen machte. Im englischen »disciple« ist dieser enge Wortbegriff noch erhalten, da es den Schüler eines bestimmten Herrn oder Meisters bezeichnet, der sich mit Hingabe und pflichtbewusstem Eifer, mit einem Wort: *diszipliniert*, einer Sache widmet. Diszipliniertes Denken und Handeln kommen also in der Hingabe an eine Sache zum Ausdruck.

Wenn wir die einzelnen Schritte betrachten, die wir bewältigen müssen, bis wir etwas vollkommen beherrschen, sehen wir, welche Rolle der Disziplin dabei zufällt. Zunächst einmal muss natürlich unser Interesse geweckt sein, wenn wir etwas lernen sollen. Ohne dieses Interesse werden wir keine Motivation verspüren, uns dem Lernprozess zu unterziehen.

Außer in Fällen erzwungenen Lernens stehen am Anfang eigentlich immer die Neugier und die Bereitschaft, eine Sache perfekt zu lernen. Wir sehen, wie jemand etwas tut, das Spaß verspricht oder irgendwie der Mühe wert zu sein scheint, und verspüren den Wunsch, das Gleiche tun zu können.

Wenn sich zu diesem Wunsch nicht die Disziplin gesellt, wird die angestrebte Leistung nie erreicht werden. Denn der nächste Schritt muss nun sein, dass wir uns mit vollem Einsatz und ungeteilter Aufmerksamkeit dem Lernen widmen, von Anfang bis Ende, bis wir die Aufgabe gemeistert haben.

An dieser Stelle reagieren viele von uns mit negativen Gefühlen, weil sie erwarten, dass nun die Mühen, die Langeweile und der Zwang des Lernens beginnen. So oft sind wir als Heranwachsende zum Beispiel in der Schule zur Disziplin gezwungen worden, häufig bei Unterrichtsthemen, die uns gar nicht interessierten und die wir gar nicht lernen wollten, dass wir heute in Abwehrstellung gehen, sobald die Begriffe Einsatz und Disziplin fallen.

Überlegen Sie einmal, welche Einstellung Sie zur Disziplin haben. Schauen Sie für einige Atemzüge vom Buch auf, sprechen Sie mehrmals das Wort Disziplin aus, konzentrieren Sie sich auf die Gefühle, die das in Ihnen auslöst, und auf die Gedanken, die sich einstellen.

Und nun lassen Sie uns sehen, wo inmitten von diszipliniertem Lernen Platz für Vergnügen sein könnte. Denken Sie wieder über die Kunst des Hochnehmens und Hinstellens von Gegenständen nach, über diesen äußerst einfachen Vorgang meisterlichen Handelns, der uns in so kurzer Zeit so vieles lehren kann.
Vielleicht sehen Sie, wie jemand eine Handlung ausführt, und die Anmut der Bewegungen und der Ausdruck von Freude und Glück auf dem Gesicht

dieses Meisters machen Sie betroffen; führen Sie nun in Ihrer Vorstellung mit der gleichen Bewusstheit die gleichen körperlichen Bewegungen aus, und Sie werden feststellen, dass sie sich gut anfühlen.
Wenn Sie dieses gute Gefühl auch in der Wirklichkeit erfahren wollen, müssen Sie sich zuerst in Ihrem Kopf über die tatsächlichen Bewegungsabläufe klar werden, bevor Sie diese für sich selbst wiederholen können. Vielleicht lassen Sie sich dabei auch von jemandem anleiten, der diese Bewegungen bereits meisterhaft beherrscht.
An dieser Stelle ist Disziplin ins Spiel gekommen, und Sie haben es vielleicht nicht einmal bemerkt. Disziplin ist der Prozess, sich in Gedanken die Schritte zurechtzulegen, die man ausführen will, um ein bestimmtes Ziel zu erreichen – und dieses mentale Programm dann in die Tat umzusetzen. Ob Sie das selbstständig tun oder unter Anleitung eines Lehrers – immer steht am Beginn jeder Aktion dieser Denkvorgang, der selbst ein Akt der Disziplin ist, da Sie mit voller Konzentration in Gedanken eine geplante Handlung durchgehen.
Um nun Ihren Plan in die Tat umzusetzen, wird Ihr Geist Ihrem Körper mit strenger Disziplin präzise Bewegungen abverlangen, Bewegungen, die Sie vielleicht nie vorher in Ihrem Leben gemacht haben (zum Beispiel, wenn jemand mit dem Geigenunterricht beginnt und zum ersten Mal in seinem Leben

eine Geige hält). Ein solcher Lernvorgang erfordert volle Konzentration und bringt oft auch einige Frustration mit sich, bis die Koordination der Muskeln so weit funktioniert, dass sich das gewünschte Ergebnis einstellt.

Deshalb muss Disziplin jedoch noch lange keine Plackerei bedeuten. Es hängt ganz von Ihrer Einstellung ab, ob Sie jeden Lernschritt genießen können oder ob sich die gewohnten negativen Gefühle breit machen.

Lassen Sie uns die Frage erneut stellen, wo wir denn nun tatsächlich beim disziplinierten Lernen Vergnügen empfinden. Mit Sicherheit empfinden wir, vermittelt durch unser Nervensystem, Vergnügen an bestimmten Positionen und Bewegungen unseres Körpers. Bewegung fühlt sich gut an. Außer wenn wir an gesundheitlichen Problemen leiden oder unter psychischer Anspannung stehen, gibt es nichts Wunderbareres als die simple Freude an harmonischer körperlicher Bewegung. Was immer wir daher meistern wollen – wenn diese Aufgabe Bewegung einschließt, schließt sie auch körperliches Vergnügen ein, sofern wir uns auf das konzentrieren, was wir tun.

Wenn wir uns selbst zu hart antreiben, wenn wir angespannt sind und Angst haben zu versagen, dann blockieren wir auf diese Weise jede Freude an disziplinierter Bewegung. Ich nehme fast an, dass die meisten von uns diese schlechte Angewohnheit haben, ihr gesetztes Ziel überstürzt erreichen zu wollen, anstatt jeden einzelnen Schritt auf dem Weg dahin zu genießen.

Auch für das geistige Lernen gilt, dass die Einstellung, mit der wir an eine Aufgabe herangehen, darüber entscheidet, wie viel Vergnügen wir bei ihrer Bewältigung haben werden. Wenn wir uns an jedem einzelnen Schritt, den wir meistern, freuen können, dann wird Lernen zum Vergnügen. Wenn wir jedoch von der Angst gepackt sind, wir könnten versagen, oder immer nur das ferne Ziel unserer Bemühungen im Auge haben, dann werden die kleinen Fortschritte auf dem Weg dahin keine Freude bereiten.

Letztlich überleben die Menschen deshalb, weil sie eine natürliche Freude am Lernen empfinden. Sehen Sie sich kleine Kinder an, die ihr eigenes Lerntempo bestimmen dürfen. Jedes Mal, wenn sie etwas verstanden haben, profitiert ihre geistige Entwicklung davon, und jedes Mal, wenn sie eine neue Körperbewegung beherrschen, springen sie vor Freude buchstäblich in die Luft und klatschen begeistert in die Hände, weil sie wieder eine der größeren oder kleineren Herausforderungen des Lebens gemeistert haben.

Diese für unser Leben so essenzielle, angeborene Freude an immer neuen Entdeckungen versuche

ich wieder zum Leben zu erwecken, wenn ein Patient mit Minderwertigkeitsgefühlen, Versagensängsten und Lebensüberdruss zu mir kommt. Wenn es gelingt, in einem Erwachsenen den Unternehmungsgeist der Kindheit wieder zum Leben zu erwecken, kommt auch der Prozess des Lernens und der stetigen Vervollkommnung wieder in Gang.
In meinen Augen stellt sich in diesem Prozess an drei Stellen ganz natürlich Vergnügen ein: als Erstes gleich zu Beginn, in unserer Vorstellung, wenn wir den Gedanken fassen, etwas Neues in Angriff zu nehmen, dann zweitens beim disziplinierten Lernen selbst (Vergnügen an jedem einzelnen Lernschritt, an den Bewegungen, die wir ausführen, an den Empfindungen, die unser Tun begleiten) und drittens schließlich, wenn wir unser Ziel erreichen und die gestellte Aufgabe mit angemessenem Erfolg bewältigen.

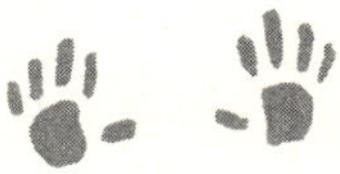

Denken Sie einmal darüber nach, wie Sie selbst an eine neue Aufgabe herangehen. Gönnen Sie sich die Freude an jeder dieser Phasen des Lernens oder ignorieren und blockieren Sie das Vergnügen, das jeder einzelne Lernschritt bereithält?

Lassen Sie uns noch einmal zu unserer Meditation des meisterlichen Hochhebens und wieder Absetzens eines Gegenstandes zurückkehren. Lesen Sie diesen Abschnitt zu Ende und schauen Sie sich dann im Zimmer um, bis Sie ein Objekt finden, das Sie gerne hochheben, einen Augenblick lang halten, vielleicht einige Male in die Luft werfen und wieder auffangen und schließlich wieder hinstellen möchten. Und während Sie die Meditation zunächst in Ihren Gedanken vorwegnehmen, dann tatsächlich ausführen und sich anschließend entspannt zurücklehnen mit dem Gefühl, Ihre Sache gut gemacht zu haben, beobachten Sie einmal, ob Sie sich dabei in jeder Phase dem Vergnügen öffnen können.

An dieser Stelle bietet es sich an, für einige Minuten über die Vollkommenheit sinnlichen Empfindens zu sprechen. Fast jeder, der eine sexuelle Beziehung hat oder gerne eine solche eingehen würde, wird sich vermutlich Gedanken darüber machen, wie er dem geliebten Menschen vollkommenes Vergnügen und vollkommene Befriedigung verschaffen kann. Und wenn wir uns nun diesem speziellen Bereich meisterhaften Handelns zuwenden, werden wir eine ganz einzigartige Dimension des Wesens der Vollkommenheit kennen lernen.

Als Kinder fragen wir uns, was es eigentlich damit auf sich hat, wenn Erwachsene Liebe machen. Nicht oft ist es uns erlaubt, dabei zuzusehen, wir wissen jedoch, dass es für uns wichtig sein wird, es selbst einmal richtig zu lernen.

Es ist erstaunlich, welch komplexe Vorstellungen bereits viele Zwölfjährige von der geschlechtlichen Liebe haben. Der erste Schritt des Lernens, nämlich jemanden etwas tun zu sehen, was man selbst gerne können möchte, und sich vorzustellen, dass man selbst das Gleiche tut, wird mit Blick auf den Liebesakt sicher viel zu selbstverständlich gegangen.

Denn hier kommen wir in unserer Erforschung der Meisterschaft an einen kritischen Punkt. Eine ganze Reihe von elementaren menschlichen Aktivitäten werden weitgehend vom Instinkt gesteuert, wenn sie im richtigen Moment und unter den richtigen Bedingungen stattfinden. Und sehr oft haben die gedanklichen Konzepte, die wir darüber entwickelt haben, wie wir solche Handlungen ausführen sollten, wenig mit dem zu tun, was wir im entscheidenden Moment instinktiv tatsächlich tun und empfinden.

Und so stellen wir fest, dass das Gelernte den natürlichen körperlichen Aktivitäten in die Quere kommt, und in keinem anderen Bereich geschieht das öfter als beim Liebesakt. Die letzten Jahrzehnte haben in unserer Gesellschaft eine ganz erstaunliche Anzahl von Liebhabern hervorgebracht, die die Liebestechnik perfekt beherrschen – doch letztlich haben sich diese Meister der Technik als äußerst wenig zufriedenstellende Liebhaber erwiesen. Ihre Disziplin und ihr Einsatz sind beeindruckend, der Akt selbst ist dabei jedoch irgendwann zu etwas Seelenlosem geworden.

Aus meiner Erfahrung mit großen Meistern auf den verschiedensten Gebieten weiß ich, dass sie viel mehr Zeit darauf verwenden, die richtige Geisteshaltung zu lehren, mit der man eine Sache anfangen sollte, als auf die Unterweisung in den eigentlichen Techniken. Jede Handlung gelingt am besten dann, wenn sie mit einer ganz bestimmten Geisteshaltung und in einem ganz bestimmten Gefühlszustand ausgeführt wird. Solange man sich auf ein Spiel nicht einstellt, kann man es auch nicht spielen.

Hat man etwas wahrhaft gemeistert, scheint die innere Einstellung der alles entscheidende Faktor bei dieser Leistung gewesen zu sein. Sex zu haben ist im Grunde ganz einfach, wie unsere Meditation des Hochnehmens von Gegenständen. Die Haut eines anderen Menschen mit dem Finger zu berühren, zum Beispiel, ist eine der denkbar einfachsten körperlichen Bewegungen. Jeder kann lernen, wie viel Druck für eine sanfte Berührung angemessen ist.

Jemanden jedoch mit der richtigen geistigen und emotionalen Einstellung zu berühren, das ist die eigentliche Herausforderung, wenn man es in der Liebe zur Vollkommenheit bringen will.

Und das ganz Wunderbare am Liebesakt ist in meinen Augen, dass wir zumeist unser eigener Lehrmeister sind, wenn wir Schritt für Schritt lernen, uns diesem magischen Fluss der geschlechtlichen Vereinigung zu öffnen. Manchmal wird Ihr Partner etwas sagen, das Ihnen dabei hilft, einen Zustand erhöhter Bewusstheit und gesteigerter sexueller Sensibilität zu erreichen. In den meisten Fällen müssen Sie sich jedoch von dem Meister in Ihnen selbst leiten lassen.

Unsere Sensibilität für unsere eigenen Empfindungen ist dieser Meister, der in jedem von uns zumindest ein wenig lebensfähig geblieben ist. Wenn wir mit unseren Vorstellungen über die richtige Ausübung des Liebesaktes beschäftigt sind und nur noch in Kategorien der Liebestechnik denken, dann verlieren wir das Gefühl für unseren inneren Meister, dessen Hauptaufgabe es ist, uns zur stufenweisen Entspannung zu verhelfen bis hin zu einem Bewusstseinszustand, der jenseits von allen Konzepten im Einklang mit dem Kern unserer menschlichen Natur steht.

Um sich der vollkommenen Vereinigung mit dem geliebten Menschen hingeben zu können, müssen Sie in der Tat die Kunst beherrschen, alles zu vergessen, was Sie je über den Liebesakt gelernt ha-

ben. Sie müssen sich vollkommen auf Ihre Instinkte, Gefühle und Bedürfnisse konzentrieren können und dabei jeden Gedanken an die richtige Technik ausblenden.
Auch um das Leben selbst zu meistern, müssen Sie so vieles mehr lernen als die Umsetzung von Handlungen und gedanklichen Leistungen, die Sie bei anderen beobachten und sich durch Nachahmung aneignen können. Die Kunst zu leben bedeutet vielmehr, ganz der eigenen Natur zu folgen, unseren spontanen Bewegungen und intuitiven Impulsen zu vertrauen.

Bisher haben wir uns auf die Beherrschung physischer, mentaler und emotionaler Aktivitäten konzentriert, die uns helfen, gemeinschaftsfähig zu sein und überleben zu können. In den folgenden Kapiteln möchte ich Ihre Aufmerksamkeit auf die noch größere Aufgabe lenken, wie wir unser Schicksal meistern.

Als ersten Schritt dorthin denken Sie einmal über Ihre eigene Fähigkeit nach, sich beim Liebesakt völlig Ihren spontanen sexuellen Gefühlen zu überlassen. Erinnern Sie sich an ein bestimmtes Liebeserlebnis und überlegen Sie, ob Sie sich dabei eher auf die richtige Technik oder auf die Gefühle der Liebe und des Begehrens konzentrierten.

KAPITEL NEUN

Mit Bescheidenheit ins wahre Erleben

Wenn wir etwas meistern wollen, müssen wir eine hohe Meinung von uns selbst haben, uns selbst als Meister sehen. Wir werden sonst nie eine Chance haben, tatsächlich ein Meister zu werden, selbst wenn unser Ziel einfach nur darin besteht, einen Gegenstand mit Vollendung hochzunehmen und wieder hinzustellen.
Zugleich muss ein angehender Meister jedoch vor allen Dingen die Fähigkeit beherrschen, selbst im Hochgefühl seines Triumphes bescheiden zu bleiben. Wir stoßen hiermit auf ein scheinbares Paradox.
Die Philosophie und spirituelle Weisheit des Ostens kann solch einen Widerspruch leicht überbrücken. Das Yin-Yang-Zeichen verbildlicht dies anschaulich. Auf der Yin-Seite kennt eine Persönlichkeit tiefste Bescheidenheit, ein Gefühl der inneren Leere, der Nichtigkeit des eigenen Seins, während die Yang-Seite der Persönlichkeit, die des

triumphierenden Gefühls der eigenen Meisterschaft, erst Vollkommenheit schafft.

In unserer westlichen Kultur hingegen haben wir normalerweise ernsthafte Schwierigkeiten damit, diese Zweihundert-Prozent-Eigenschaft in unserer Persönlichkeit zu entwickeln. Wir wachsen in einer Welt des Dualismus auf, in einer Gedankenwelt der Gegensätze, die nur richtig oder falsch, hell oder dunkel, für mich oder gegen mich kennt. Und wir haben nur sehr wenige Vorbilder, denen wir folgen können, wenn wir einen ausgewogenen Weg zur Vollkommenheit suchen.

Die Aufgabe, ein Meister und gleichzeitig bescheiden zu werden, stellt die Mehrzahl von uns vor das Problem, dass unsere geistige Programmierung uns zu der Annahme verleitet, wir müssten zu fünfzig Prozent bescheiden und zu fünfzig Prozent überlegen sein, um diese beiden Extreme zu vereinbaren. Das Resultat liegt auf der Hand – wenn wir nur zu fünfzig Prozent Meister sein wollen, werden wir es nie weit bringen. Mit hundert, nicht mit fünfzig Prozent müssen wir an die Aufgabe herangehen, Sieger und Meister zu werden.

Wie wollen Sie sich nun in Bescheidenheit üben, wenn Sie von der Annahme ausgehen, zu hundert Prozent das Gegenteil davon sein zu müssen?

Ganz einfach: Erweitern Sie Ihre zugrunde liegende Vorstellung, sodass sie zweihundert Prozent umfasst. Das ist die einzig mögliche philosophische Lösung des Problems, die, wie ich annehme, alle wahren großen Meister verinnerlicht haben.

Und es ist genau diese Erkenntnis, die sich interessanterweise häufig wie von selbst einstellt, wenn wir uns mit völliger Hingabe einer Aufgabe widmen. Ich habe viele Menschen dabei beobachtet, wie sie mit großem Einsatz die verschiedensten Sportarten und beruflichen Tätigkeiten, Künste und selbst vorgeblich minderwertige Beschäftigungen einübten, und dann mit tiefer Betroffenheit erlebt, wie sich bei vielen von ihnen plötzlich dieses wundervolle Gefühl einstellte, als das scheinbar Unvereinbare sich spontan vereinte.

Bei unserem Bemühen, etwas zu meistern, können wir mit kognitiven Strategien und Taktiken bis an einen gewissen Punkt gelangen. Doch immer ist irgendwann eine Stufe erreicht, wo es kein Weiterkommen mehr zu geben scheint. Wer starr an der Vorstellung festhält, jemand wirklich Großartiges zu sein, wird niemals diese scheinbare Grenze durchbrechen, die uns von dem letzten, befreienden Schritt in die wahre Vollkommenheit trennt.

Ich finde es wunderbar, dass die menschliche Natur so vorgeht – dass der letzte Schritt zur Vollkommenheit durch die große Pforte führt, an deren Schwelle wir unser Ich aufgeben und uns vor der Aufgabe verneigen müssen, die wir gerne meistern würden. Dann, und nur dann, kommt die spontane, intuitive, vielleicht sogar spirituelle Magie ins Spiel – dieses Gefühl des vollkommenen Einklangs mit den eigenen Bewegungen und Gedanken, der harmonischen Verbundenheit mit dem ganzen Universum.

Wie man es mit höchster Effizienz zu solcher Vollkommenheit bringt, konnten jene von uns, die in Princeton studierten, unmittelbar nachdem Albert Einstein dort gelehrt hatte, an seinem prominenten Beispiel beobachten. Er pflegte mit Vernunft und Verstand nach Lösungen für neue mathematische Fragestellungen zu suchen – bis alle logischen Lösungsmöglichkeiten innerhalb der bekannten Bereiche des Bewusstseins und schließlich auch er selbst erschöpft waren. Dann ließ er los, gestand die Niederlage seines normalen Denkens ein und dachte einfach für eine Weile nicht mehr über das Problem nach. Er ging spazieren oder fuhr Fahrrad, in dem Bewusstsein, das Problem nicht gelöst zu haben, und gestand vor sich selbst in aller Bescheidenheit ein, eine Grenze erreicht zu haben, die auch sein großer Verstand nicht überwinden kann.

Sobald er jedoch davon abließ, mit seinem Ego gegen die Grenzen der Vernunft anzugehen, und sich mit einer bescheidenen Geste des Loslassens den tieferen Bereichen der Intuition überließ, war er offen für die Geistesblitze seines wahren Genies und seiner wahren Meisterschaft. Wenn man einmal diese Erfahrung gemacht hat, so scheint es, wird man für immer bescheiden. Es gibt wirklich eine Macht, die größer ist als der denkende menschliche Geist. Wir bezeichnen sie oft mit Intuition, doch kann dieser Begriff nur vage die jenseitigen Bereiche des menschlichen Bewusstseins umschreiben, die wir nicht willentlich unseren Zwecken unterwerfen können, die aber letztlich der Ursprung meisterhaften Denkens und Handelns sind.

Und aus eben diesem Grunde gibt es keine Meisterschaft ohne Bescheidenheit. Bevor sich nicht das Ego der überlegenen Macht der Intuition beugt, kann wahre Meisterschaft nicht entstehen.

Über mehrere Seiten hinweg habe ich Sie nun wieder mit theoretischen Ideen konfrontiert, sodass es nun höchste Zeit ist, dass ich zurücktrete und Ihnen wenigstens einige Minuten Zeit lasse, dass Sie sich Ihre eigenen Vorstellungen und Ihre eigenen Erfahrungen mit dieser äußersten Dimension der Meisterschaft bewusst machen. Kennen Sie bereits dieses bescheidene Zurücktreten vor der Überlegenheit der vitalen Kraft in uns, die aus einer cleveren und gut einstudierten Bewegung oder Denkleistung eine Manifestation des Genies und der

Vollkommenheit macht? Haben Sie vielleicht schon mehrere solche Erfahrungen in Ihrem eigenen Leben gemacht?

Als ich das College besuchte, war ich eine Zeit lang sehr gut im Fechten. Aus irgendeinem Grunde hatte ich eine natürliche Begabung für diesen Sport und bei einem ausgezeichneten Trainer lernte ich sehr schnell die verschiedenen komplizierten Bewegungen, die man beherrschen muss, um im Wettbewerb zu bestehen. Als ich nacheinander mehrere hoch eingestufte Fechter besiegte, stieg mir der Erfolg zu Kopf, und ich spürte, dass ich auf dem besten Weg war, ein großer Fechter zu werden. Sogar mein Trainer war voll des Lobes.

Dann machte ich allerdings eine Erfahrung, die mich in meinen Grundfesten erschütterte. Mein Trainer war Pole, und schon seit vielen Jahren kam auf seine Veranlassung hin das polnische Olympia-Fechtteam für eine Woche nach Princeton, um mit unserer Universitätsmannschaft zu trainieren. Meine Spezialdisziplin war das Florettfechten und gleich am ersten Tag ließ mein Trainer mich gegen einen bemerkenswerten Polen antreten, der neben einer olympischen Silbermedaille so ziemlich alle Titel im Florettfechten vorweisen konnte, die die Fechtwelt zu vergeben hatte.

Die Bedeutung dieses Mannes und sein dabei zugleich völlig bescheidenes Auftreten machten mich sprachlos. Ich, der ich von einem Studentenwettkampf zum nächsten zog und mir einbildete, Gottes neues Geschenk an die Fechtwelt zu sein, stand plötzlich Auge in Auge, Florett gegen Florett, einem der größten Fechtmeister aller Zeiten gegenüber – und musste feststellen, dass er ein vollkommen bescheidener Mann war.

Der Schock war so groß, dass ich allen Mut verlor und nach der Begegnung mit diesem Mann das Fechten von heute auf morgen aufgab. Bis heute habe ich niemandem eine Erklärung dafür gegeben, warum ich das Fechten ausgerechnet in jenem Jahr in Princeton aufgab, als ich auf dem besten Weg zu Ruhm und Ansehen war.

Mein damaliger Trainer ist mittlerweile längst tot und ich habe die Welt des College-Sports weit hinter mir gelassen, doch da ich hier über Bescheidenheit schreibe, scheint es mir passend, den gewaltigen Eindruck zu beschreiben, den diese Begegnung mit der Bescheidenheit eines wahren Meisters damals auf mich machte.

Noch Jahre nach dieser Erfahrung verließ mich das Gefühl nicht, dass man mir den Wind aus allen Segeln genommen hatte. War ich vorher in meinen eigenen Augen jemand gewesen, der fast alles meistern konnte, wonach ihm der Sinn stand, stellte ich nun fest, dass ich noch nie etwas wirklich gemeistert hatte. Ich konnte vielleicht einen hohen Grad an Präzision erreichen und siegen, mir fehlte jedoch in meinem tiefsten Inneren ein Antrieb. Als ich das erkannte, gab ich alle Aktivitäten auf, in denen ich mich zuvor mit anderen gemessen hatte, und auf der Suche nach einem besseren Zugang zur Meisterschaft fing ich noch einmal ganz von vorn an.

Ich muss gestehen, dass ich einen großen Teil meiner heutigen Einsichten aus meinen Begegnungen mit einer Reihe spiritueller Lehrer bezogen habe. Geduldig zeigten sie mir, wie ich auf zufriedenstellendere Weise dahin gelangen konnte, etwas wirklich gut zu machen. Als ich endlich damit aufhörte, mich so stark mit meinem Ego zu identifizieren, mit meinem Bild von mir selbst und meinen Möglichkeiten, begann ich zu spüren, wie mich dieses besondere Gefühl erfasste, das wir empfinden, wenn wir uns öffnen und uns vom inneren Antrieb zur Meisterschaft erfüllen lassen, auf den unser Ego keinen Zugriff und über den unser Verstand keine Kontrolle hat.

Ich habe in diesem Buch bisher auf verschiedenste Weise zum Ausdruck zu bringen versucht, was ich damals erkannte: dass Meisterschaft wirklich ein Bewusstseinszustand ist, der kommt und geht, den man nicht, einmal erreicht, für den Rest seines Lebens einfach beibehalten kann. Die große Aufgabe besteht gerade in dem Bemühen um diesen Zustand erweiterten Bewusstseins, in dem all unsere Gedanken und all unsere Handlungen und Gefühlsreaktionen inspiriert, ausgeglichen und bescheiden sind und ein Vergnügen für uns selbst und andere.

Soweit ich mich erinnere, sagte Jesus: »Die Ersten werden die Letzten sein.« Das scheint mir auf den Punkt zu bringen, was ich in diesem Kapitel sagen möchte. Wenn Sie in einem bestimmten Augenblick von Ihrem Ego lassen können, wird es Ihnen möglich sein, die Grenzen Ihres disziplinierten Lernens zu überschreiten und in Bereiche erweiterten Bewusstseins überzugehen, in denen Ihre Bewegungen vollkommen sind. Am Beginn unseres Themas standen die Worte Jesu: »Seid also vollkommen, wie euer Vater im Himmel vollkommen ist!«, und vielleicht verstehen wir jetzt besser, was er gemeint haben könnte. Wir haben tatsächlich die Fähigkeit, die Grenzen unserer kognitiven Programmierung und Schulung zu überschreiten und in harmonischer Übereinstimmung mit dem Universum oder Gott zu handeln – oder wie immer Sie die unendliche Wirklichkeit nennen möchten, in der wir alle leben. Inspiriert von dieser vitalen Kraft, wird jede Handlung vollkommen, ob jemand ein Baby in den Arm nimmt oder einen olympischen Speer ergreift, die Gabel aus der Hand legt oder den Kugelschreiber des Präsidenten. Jede Handlung ist ein potenziell meisterlicher Akt. Es ist immer eine Frage der Bewusstseinsebene.

Sehen Sie, was geschieht, wenn Sie dieses Buch für etwa fünf Minuten zur Seite legen und irgendetwas tun, was Ihnen gerade in den Sinn kommt, ob Sie in die Küche gehen und sich etwas zu essen oder trinken holen oder ob Sie ins Badezimmer gehen, um dort irgendetwas zu erledigen – was auch immer zu tun Ihnen gerade einfällt, seien Sie achtsam, dass jede Ihrer Bewegungen anmutig, zufriedenstellend, vergnüglich, ausgeglichen, bescheiden und perfekt sein kann.

KAPITEL ZEHN

Stellen Sie sich Ihren Herausforderungen im Leben

Wie ich schon an anderer Stelle sagte, fällt es uns ab einem gewissen Alter schwerer, Neues zu lernen, wenn wir nicht unser Leben lang unser Lern- und Meisterschafts-Potenzial pflegen. Allzu leicht lassen wir uns von der Routine im Familien- und Geschäftsleben einlullen, wenn wir erfolgreich sind, und unterlassen es einfach, uns neuen Aufgaben zu stellen. Dieses Kapitel fordert Sie vor allem dazu heraus, auch als Erwachsene Stillstand zu vermeiden und nie damit aufzuhören, sich mit Genuss in neue Lernsituationen zu stürzen, und Vervollkommnung dort anzustreben, wo Sie bereits beträchtliche Leistungen erbracht haben.

Zunächst wollen wir uns auf Dinge konzentrieren, die Sie bereits erreicht und geleistet haben. Welche körperlichen oder geistigen Aktivitäten beherrschen Sie wirklich sehr gut? Nehmen Sie sich jetzt die Zeit, in Gedanken oder auf dem Papier mindestens fünf solcher Aktivitäten aufzulisten:

1. ______________________________
2. ______________________________
3. ______________________________
4. ______________________________
5. ______________________________

Überlegen Sie nun, ob es unter den Tausenden Dingen, die Sie gelernt haben, einige gibt, die Sie noch

nicht richtig beherrschen und für die Sie sich gerne mehr Zeit nehmen würden, um sie perfekt zu meistern. Notieren Sie wieder mindestens fünf geistige, emotionale, spirituelle oder körperliche Aktivitäten, die Sie noch nicht zu Ihrer Zufriedenheit beherrschen:

6. ______________________________
7. ______________________________
8. ______________________________
9. ______________________________
10. ______________________________

Neben den Tätigkeiten, in die Sie schon einige Zeit und Energie investiert haben, gibt es auch viele, die zu lernen Sie sich vielleicht bisher noch nicht die Zeit genommen haben, für die Sie sich aber immer noch interessieren.

Es ist von allen Aufgaben vielleicht die schwerste, in fortgeschrittenen Jahren etwas völlig Neues zu beginnen, etwas, woran man sich nie zuvor versucht hat. Die Angst zu versagen, sich lächerlich zu machen, kann ein unüberwindliches Hindernis für den Sprung ins kalte Wasser sein.

Wir haben schon angesprochen, was es bedeutet, sich wieder wie ein Kind zu fühlen, wie ein absoluter Anfänger. Wie fühlen Sie sich jetzt bei dem Gedanken, demütig wieder die Position des Anfängers einzunehmen?

Oft sehen sich Menschen zu Beginn ihres Ruhestandes vor diese Situation gestellt, und viele von ihnen überwinden ganz wunderbar ihren Stolz und stürzen sich in ein neues Hobby oder in eine Teilzeitbeschäftigung, für die sie noch einmal von vorn anfangen. Sie treten damit in eine völlig neue Phase ihres Lebens ein. In Amerika gibt es eine geradezu phänomenale Bewegung, die die Menschen dazu ermutigt, in der Mitte ihres Lebens neue Karrieren zu starten und sogar drei- oder viermal radikale Berufswechsel vorzunehmen. Dieser Mut zum Risiko, dieses Wagnis, wieder Anfänger zu sein, um sich neue Dimensionen des Lebens zu erschließen, ist eine wunderbare Chance in unserer heutigen Gesellschaft, die Raum für solche risikofreudigen Entscheidungen lässt.

Jedoch sollte es jedem genauso freigestellt sein, auf dem einmal eingeschlagenen Weg zu bleiben und die schon erworbenen Fähigkeiten zu vertiefen, anstatt mit etwas Neuem zu beginnen. Die Herausforderung, sich immer weiter zu vervollkommnen, bleibt die Gleiche.

Lassen Sie uns eine weitere Liste schreiben, dieses Mal von Dingen, die Sie interessieren, die zu lernen Sie jedoch bisher noch keinen Anlauf gemacht haben. Wenn Sie die Zeit und die finanziellen Mittel hätten, was würden Sie dann wirklich gerne noch lernen:

11. ______________________________
12. ______________________________
13. ______________________________
14. ______________________________
15. ______________________________

Jetzt haben Sie diese drei Listen vor sich mit den fünfzehn Aktivitäten, für die Sie sich gerne mehr Zeit nehmen würden, um Ihren Meisterschafts-Status zu verbessern. Daraus ergibt sich folgerichtig die nächste Frage: Von welcher Art des Unterrichts, von welchem Typ Lehrer, ganz allgemein von welcher Form der Unterweisung erwarten Sie sich die Hilfe, die Sie benötigen, um Ihre Fähigkeiten in der Tätigkeit Ihrer Wahl zu vervollkommnen?

Als Kinder kommen wir unablässig mit Lehrern in Kontakt, die uns helfen zu lernen, worum wir uns so sehr bemühen. Unsere Eltern sind solche Lehrer,

natürlich sind es die Lehrer in der Schule, aber auch andere Kinder, die uns einiges Wissen und Können voraushaben. In der Regel nehmen Erwachsene gegenüber Kindern ihre natürliche Rolle als Lehrende gerne wahr und oft tun es auch ältere Kinder.
Als Erwachsene fühlen sich viele von uns jedoch eigenartigerweise beschämt oder gar schuldig, wenn es darum geht, für uns selbst Lehrer zu suchen. Viele von uns haben verinnerlicht, dass Lehrer schließlich für Kinder da sind und nicht für Erwachsene.
Sollten Sie bei sich selbst ein solches Zögern feststellen bei dem Gedanken an einen Lehrer, der Sie weiterbringen könnte, dann sorgen Sie dafür, dass Sie sich von diesem Gefühl der Scham nicht daran hindern lassen, trotzdem seine Hilfe in Anspruch zu nehmen.

Stellen Sie sich für einen Moment einmal den idealen Lehrer vor, den Sie gerne für Ihren persönlichen Lern- und Meisterschaftsprozess an Ihrer Seite hätten.

Natürlich finden wir nur sehr selten einen Lehrer, der unserem Ideal entspricht, und müssen uns stattdessen mit irgendeinem durchschnittlichen menschlichen Wesen begnügen, das über das Wissen verfügt, das wir uns aneignen wollen. Es ist ein wichtiger Schritt auf dem Weg zum Erwachsensein, dass wir lernen, die Unvollkommenheit anderer Menschen zu akzeptieren, von ihnen einfach nur das zu übernehmen, was für uns wertvoll ist, und von uns fernzuhalten, was unserem Lernen hinderlich sein könnte. Haben Sie sich diese große Fähigkeit erworben?

Lassen Sie uns für einen Moment so tun, als hätten Sie bereits eine spezielle Aktivität ausgesucht, auf die Sie Ihre Aufmerksamkeit und Energie richten wollen. Welches sind, auf dem Hintergrund des bisher Gesagten, die logischen Schritte, die Sie fest im Gedächtnis behalten sollten, wenn Sie in die nächste Phase auf dem Weg zur Vollkommenheit eintreten möchten?

1) Überlegen Sie als Erstes, wie gut Sie die angestrebte Aktivität bereits beherrschen. Was haben Sie in der Vergangenheit gelernt, das als Grundlage für weitere Lernschritte dienen kann? Unabhängig davon, was Sie sich zu diesem Zeitpunkt vorgenommen haben, stehen Ihnen für diese neue Aufgabe in jedem Fall eine Fülle von Erfahrungen bereits zur Verfügung.

Betrachten Sie zunächst, falls notwendig, die körperlichen Voraussetzungen, die Sie für diese Tätigkeit mitbringen. Verfügen Sie über irgendwelche koordinierte Muskelbewegungen, die Ihnen beim Lernen dieser neuen Aktivität behilflich sein könnten?

Wie steht es mit den emotionalen Voraussetzungen für eine meisterliche Bewältigung der Aufgabe? Können Sie sich andere, ähnliche Aktivitäten zunutze machen, um in eine emotionale Verfassung zu kommen, die Ihrem Vorhaben nützlich ist?
Und welche geistigen Aufgaben haben Sie in der Vergangenheit bewältigt, die Ihnen zu einem raschen Erfolg bei dieser neuen Tätigkeit verhelfen können?
Überlegen Sie schließlich, wie gut Sie schon gelernt haben, in den bereits öfter beschriebenen intuitiven Bewusstseinszustand zu gelangen, der das Gefühl meisterlichen Handelns direkt zu fördern vermag.
Ich empfehle Ihnen, es sich bewusst zur Angewohnheit zu machen, regelmäßig in Ihre Vergangenheit zurückzublicken, so wie ich es Ihnen in vorangegangenen Kapiteln beigebracht habe, und sich an Aktivitäten zu erinnern, die Sie bereits beherrschen und die Ihnen bei der neuen Aufgabe helfen können. Wenn Sie sich an eine meisterliche Handlung in Ihrer Vergangenheit erinnern, werden Sie mit dem ganzen Körper dieses schöne Gefühl der Meisterschaft auch in der Gegenwart empfinden – und das wird Ihnen eine große Hilfe sein, wenn Sie sich an Ihre neue Aufgabe begeben.
Wenn Sie möchten, nehmen Sie sich jetzt einige Minuten Zeit, legen Sie das Buch zur Seite, schlie-

ßen Sie vielleicht die Augen und versuchen Sie sich an etwas zu erinnern, das der Tätigkeit, die Sie jetzt meistern wollen, in Ansätzen vergleichbar war.

2) Als nächsten Schritt bei der Bewältigung der neuen Aufgabe oder der Verbesserung Ihrer Leistungen auf einem bereits erarbeiteten Gebiet nehmen Sie sich die Zeit zu überlegen, was genau eigentlich zu lernen ist. Welches sind die Erfolgszutaten? Welche verschiedenen Schritte sind zu absolvieren, um ans Ziel zu gelangen?
Auch für diesen Prozess des Abwägens erweist es sich wieder als eine große Hilfe, eine Liste anzulegen. Je deutlicher Ihnen die einzelnen Lernschritte vor Augen stehen, umso schneller können Körper und Geist die neuen Handlungen und Gefühle aufnehmen. Machen Sie sich also auf einem Blatt Papier eine vorläufige Liste von beliebiger Länge und sehen Sie, wie klar Sie den Weg bis zur Meisterung der Aufgabe umreißen können.

3) Wir kommen jetzt zu der höchst entscheidenden Frage, wie Sie an die benötigten Materialien und an die Anleitung kommen, die Sie brauchen, um die neue Aktivität lernen zu können.
Für einige emotionale Aufgaben, zum Beispiel wie

Sie lernen, denen, die Sie lieben, Ihr Herz weiter zu öffnen, oder wie Sie Angst und Unsicherheit überwinden, benötigen Sie keine Materialien – abgesehen vielleicht von einigen Büchern, die Sie erwerben möchten. Für die meisten anderen Aktivitäten brauchen wir etwas, womit wir arbeiten können, wie zum Beispiel einen Computer, einen Baseballschläger, ein Meditationskissen, einen Vogelkäfig, einen Meißel und vieles andere mehr. Was brauchen Sie für Ihren neuen Schritt auf dem Weg zur Meisterschaft?
Und von welcher Art des Unterrichts können Sie profitieren, welchen Typ Lehrer wollen Sie zurate ziehen?

4) Und schließlich: Mit welchem persönlichen Einsatz wollen Sie an die Aufgabe herangehen, wie viel Zeit und Energie können Sie ihr widmen?

Persönlicher Einsatz und Disziplin sind, wie ich an anderer Stelle ausgeführt habe, grundlegende Bestandteile des Lernprozesses. In der Arbeit mit meinen Patienten hat es sich im Laufe der Jahre als besonders nützlich erwiesen, wenn sie sich dazu verpflichteten, eine realistische Menge an Zeit und Energie in das Erlernen einer bestimmten Aktivität zu investieren, und dann zu überprüfen, wie gut sie es schafften, ihrem eigenen Vorhaben treu zu bleiben.

Überlegen Sie, ob Sie angeben können, wie viel Zeit Sie Ihrer neuen Aufgabe in jeder Woche widmen wollen, einen Nachmittag oder zwei Abende oder jeden Mittwochvormittag eine Stunde – versuchen Sie, ein handfestes Programm aufzustellen, das Sie dann auch regelmäßig ausführen können.
Und wenn Sie feststellen, dass Ihre Vorgaben unrealistisch waren, dann sollten Sie natürlich nicht an einem Zeitplan festhalten, der Ihnen auf Dauer nicht entspricht – wenn nötig, ändern Sie Ihre Verpflichtung, sodass Sie gut mit Ihrem zeitlichen Einsatz für die neue Herausforderung zurechtkommen. Wenn Sie möchten, nehmen Sie sich nun einige Minuten Zeit und schreiben Sie einen Wochenplan auf, der die neue Aktivität einschließt.

Denken Sie zuletzt in aller Ruhe darüber nach, wie viel Vergnügen und Freude Ihre neue Aufgabe verspricht. Überlegen Sie, ob Sie schon erkennen können, in welchen Phasen auf Ihrem Weg zur Meisterschaft Sie mit Sicherheit Spaß haben werden. Und halten Sie regelmäßig inne, um sich darüber klar zu werden, ob Sie mit Vergnügen auf Ihr Ziel zustreben.
Machen Sie sich dieses Bewusstwerden Ihrer Freude zur Angewohnheit, immer wenn Sie an Ihrer neuen Aufgabe arbeiten. Wenn Sie Erfolg haben wollen, müssen Sie mit an Sicherheit grenzender

Wahrscheinlichkeit am Prozess des Lernens selbst Vergnügen haben – und wie ich früher schon erwähnt habe, können negative Einstellungen dieses Vergnügen ernsthaft sabotieren.

Rufen Sie sich wieder in Erinnerung, dass der Schlüssel zur Freude an Ihrem Tun im bewussten Atmen und der bewussten Wahrnehmung des Körpers liegt.

Die hohe Kunst, Vergnügen zu empfinden bei allem, was Sie tun – das ist die große Herausforderung, neben der sich alle anderen Aufgaben weit leichter ausnehmen. Ich meine damit nicht, dass es leicht ist, etwas zu lernen, noch, dass es immer das reine Vergnügen ist, etwas Neues und Schwieriges in Angriff zu nehmen. Meisterschaft beinhaltet immer auch zu kämpfen, wenn es schwierig wird und man versucht ist aufzugeben. Es ist jedoch die tiefer gehende, vitale Freude an der Herausforderung, das Vergnügen daran, an Grenzen zu stoßen und sie zu überwinden, die Vervollkommnung sowohl erstrebenswert als auch möglich machen.

KAPITEL ELF

Teilen Sie Ihren Erfahrungsschatz mit anderen

Es gibt zwei sehr verschiedene Möglichkeiten, welches Selbstverständnis Sie von Ihren Erfolgen haben. Auf der einen Seite gibt es Ihrem Ego großen Auftrieb, wenn Sie weit und breit der einzige Meister auf einem Gebiet sind. Ein fast unvergleichliches Gefühl der Überlegenheit erfüllt Sie, wenn in Ihrer Umgebung alles zu Ihnen aufschaut und Sie den Ruf genießen, allen an Können und Format weit überlegen zu sein. Und sicher trägt ein gesundes Streben nach hoch gesteckten Zielen dazu bei, dass Sie bis an Ihre persönlichen Leistungsgrenzen gehen.

Doch wie wir in früheren Kapiteln schon gesehen haben, ist ein wesentliches Merkmal wahrer Meisterschaft die Bescheidenheit. Wenn Sie danach streben, in Ihrer Nachbarschaft den Ton anzugeben, werden Sie es, oberflächlich betrachtet, weit bringen, Sie werden jedoch abgeschlagen sein, wenn es darum geht, die tiefere Kraft wahrer Meisterschaft zu erlangen. Ein wahrer Meister hat es nicht nötig, andere zu besiegen, um sich seiner eigenen Vollkommenheit zu versichern. Wettbewerb kann als Mittel mit praktischem Nutzen gesehen werden, wie zum Beispiel finanziellen Erfolg zu haben oder nach außen hin der eigenen Leistung schärfere Konturen zu verleihen. Wenn wir allerdings nur noch konkurrieren wollen, verpassen wir den letzten Schritt zur wahren Vollkommenheit.

Natürlich ist dies nur meine persönliche Meinung. Es steht Ihnen völlig frei, mir zu widersprechen. Ich hoffe jedoch, dass wir bei meiner nächsten Feststellung einer Meinung sind: Wir werden nur Meister sein, wenn wir bereit und in der Lage sind, anderen zu helfen, die lernen wollen, was wir auf unserem speziellen Gebiet bereits beherrschen.

Die wahren Meister zeichnen sich dadurch aus, dass sie immer für die Wissbegierigen dagewesen sind, die aufrichtig die geheimen Schritte lernen wollten, um Vollkommenheit zu erlangen.

Diese Eigenschaft der Meisterpersönlichkeit kommt schon zum Tragen, wenn ein Kind einem anderen, jüngeren beibringt, wie man eine Schleife bindet, sodass man seine Schuhe nicht verliert. Schon früh stellt sich ein Gefühl für die Ausgewogenheit von Geben und Nehmen, Lernen und Lehren ein. Und es ist diese kontinuierliche Interaktion, die eine

Persönlichkeit hervorzubringen scheint, die alle Voraussetzungen mitbringt, um das Leben selbst zu meistern.

Auf dem Hintergrund dieses Wissens sollten wir jetzt in uns hineinschauen, um zu erkennen, wie wir selbst es damit halten, anderen zu helfen, Stufen der Meisterschaft zu erklimmen, die wir selbst schon erreicht haben.

Schauen Sie auf die zurückliegende Woche zurück. Können Sie sich daran erinnern, irgendjemandem irgendetwas beigebracht zu haben?

Das Gefühl, in eine Tradition eingebunden zu sein, ist der wesentliche Kern menschlicher Zivilisation. Wenn wir nicht weitergeben, was wir gelernt haben, wird unsere Kultur keine Zukunft haben. Wir besitzen Bücher, Computer und Videoprogramme, die das Wissen unserer Kultur für eine Zeit lang am Leben erhalten können, aber letztlich brauchen die Kinder uns, damit sie die richtige Einstellung zu ihrer Weiterentwicklung finden. Das ist nur durch die Vermittlung von Person zu Person zu bewerkstelligen.
Die Kunst, anderen beizubringen, wie sie etwas meistern können, ist jedoch selbst eine Meisterleistung. Wie zeigen wir jemandem am besten die not-

wendigen Schritte und die richtige Einstellung, um eine bestimmte Aktivität perfekt zu beherrschen und darüber hinaus schließlich das Leben selbst zu meistern?
Wir haben diese Frage das ganze Buch hindurch immer wieder berührt. An dieser Stelle möchte ich Sie nun dazu ermutigen, sich selbst in dieser Hinsicht zu erforschen, ein vielleicht schmerzlicher Prozess, der Aufschluss darüber geben soll, ob Sie aufgrund Ihrer eigenen Erziehung die Angewohnheit angenommen haben, andere entweder für ihre Leistungen übermäßig zu loben oder übermäßig zu kritisieren. Sie werden sich daran erinnern, dass ich Sie bei früherer Gelegenheit dazu anregte, Ihren Vater in dieser Beziehung einzuschätzen und ebenso Ihre Mutter sowie weitere wichtige Personen Ihrer Kindheit.

Denken Sie nun noch einmal intensiv darüber nach, wie Sie selbst als erwachsene Person die Rolle wahrnehmen, anderen, die lernen wollen, was Sie selbst schon können, ausgewogene Anleitung und Unterstützung zu geben – werten Sie sich selbst auf, indem Sie die Leistungen anderer herabsetzen?

Wir alle haben große Macht über das Schicksal anderer, dadurch, dass wir Lob oder Kritik verteilen können und andere bei ihren Bemühungen ermutigen oder entmutigen können. So groß diese Macht aber auch ist, haben wir alle daneben noch eine weitere Fähigkeit, nämlich die tatsächlichen Schritte zu lehren, die erforderlich sind, um in dem einen oder anderen Bereich Vollkommenheit zu erzielen.

Wenn Sie eine Tätigkeit beherrschen, kann ein Schüler von Ihnen lernen, auf seine Weise das Gleiche zu tun, indem er Sie entweder beobachtet und nachahmt - oder indem Sie den neuen Schüler persönlich anleiten, ihm die Schritte beibringen, die Sie selbst zu einem früheren Zeitpunkt gelernt haben.

Denken Sie an die jüngste Vergangenheit zurück und überlegen Sie zunächst, ob Sie sich an eine Situation erinnern können, in der Ihnen jemand bei einer Tätigkeit zusah, der auf diese Weise lernen wollte, das Gleiche zu tun.

Wenden Sie nun wieder die grundlegende Erinnerungstechnik an, die Sie in den ersten Kapiteln gelernt haben (spüren Sie, wie die Luft durch Ihre Nase ein- und ausströmt; spüren Sie auch die Atembewegungen von Brust und Bauch; werden Sie sich dann Ihres ganzen Körpers bewusst, indem Sie Ihre Wahrnehmung ausweiten; und in diesem Zustand erweiterten Bewusstseins Ihrer selbst hier in der Gegenwart lassen Sie Ihre Gedanken ein spezifisches Thema in die Erinnerung zurückrufen) – erinnern Sie sich daran, wie Sie unlängst jemanden aktiv durch die einzelnen Lernschritte einer Aufgabe führten.

Wann immer die Rede darauf kommt, was ein guter Lehrer ist, mache ich die Erfahrung, dass die meisten von uns eine bedenklich abwehrende Einstellung gegenüber dieser Rolle mit sich herumtragen. Die meisten von uns haben in ihrer Kindheit sehr viele schlechte Erfahrungen mit ungeduldigen oder unfähigen Lehrern gemacht.
In diesem Buch kann ich sicher keine erschöpfende Antwort auf die Frage geben, wie man die Kunst zu leben anderen beibringen kann; das ist ein Thema für ein weiteres Buch. Ich möchte Ihnen jedoch die Richtung vorgeben, indem ich Sie auf das Wissen verweise, das Sie sich bis hierher schon selbst erworben haben. Alles, was wir bisher über die Kunst zu leben und das Entwickeln Ihrer Meisterschaft gelernt haben, können Sie für die Vervollkommnung Ihrer eigenen Lehrerqualitäten verwenden.
Wenn Sie jemandem etwas beibringen wollen, müssen Sie beispielsweise zunächst das Thema oder die Aktivität selbst so gut beherrschen, dass Sie nicht nur die im Gedächtnis gespeicherten

Schritte vermitteln können, sondern auch die konkrete Einstellung verkörpern, mit der man an die Tätigkeit herangehen muss, um sie in der Tiefe zu begreifen. Es ist erstaunlich, wie viele Leute Dinge unterrichten, für die sie noch nicht qualifiziert sind. Was dabei herauskommt, ist ein Unterricht, dem es an Überzeugungskraft mangelt. Die Technik wird auswendig gelernt, alles Geniale daran bleibt jedoch verborgen – und das Eingebundensein in eine Tradition geht im Grunde verloren.

Natürlich lernen wir selbst etwas, wenn wir andere unterrichten. Wenn wir mit dem Lehren warten, bis wir vollkommen sind, werden die meisten von uns nie zum Weitergeben Ihres Wissens und Ihrer Erfahrung kommen. Was ich Ihnen daher nahe legen möchte, ist, dass Sie an andere weitergeben, was Sie schon gelernt haben, sobald Sie eine bestimmte Entwicklung durchlaufen und ein vertieftes Wissen erworben haben. Bleiben Sie dabei bescheiden und gestehen Sie sich Ihre Grenzen ein.

Ich bin mir bewusst, dass ich selbst in einer solchen Position bin, während ich dieses Buch schreibe. Ich habe mir einiges an Wissen über Lebenskunst und Vollkommenheit angeeignet und kann bis zu einem gewissen Punkt sowohl den Gegenstand als auch die richtige Geisteshaltung vermitteln. Ich hüte mich jedoch, Bereiche des Bewusstseins und der Meisterschaft zu berühren, die ich mir selbst erst

noch erarbeite. Ich hoffe, dass Sie diese Grenzen wahrnehmen und meine Entscheidung respektieren, sie hier nicht zu überschreiten.
Jeder von uns hat einiges an Wissen und Können zu bieten. Jeder Erwachsene kann einem Kind eine Fülle von Kenntnissen und Aktivitäten beibringen. Wir müssen uns nur die Zeit dafür nehmen. Leider sind in unserer heutigen Zeit die meisten von uns abgehetzt von der Jagd nach dem Mammon und finden kaum noch Zeit einmal innezuhalten, entspannt auf der Treppe oder auf dem Rasen, auf dem Teppichboden im Wohnzimmer oder auf dem Hof zu verweilen, um zu sehen, ob nicht vielleicht einige Kinder nur darauf warten, dass jemand einmal stehen bleibt und mit ihnen ein wenig von seinem Wissen und seiner Erfahrung teilt.
Wir haben in unserer Gesellschaft sogar die bedenkliche Situation erreicht, dass die solcherart seit langem vernachlässigten Kinder kaum noch nach einem Lehrer Ausschau halten, der sich Zeit für sie nehmen würde. Sie sitzen vor dem Fernseher, als könne dieses Trugbild wahrhaft etwas über das Leben lehren, dabei ist es doch schon per Definition etwas Fernes und ersetzt nicht den persönlichen Kontakt, der allein die richtige Geisteshaltung vermitteln kann.
Daher ist jeder von uns dringend dazu aufgefordert, sich nicht nur regelmäßig für jene Zeit zu neh-

men, die Rat und Hilfe brauchen – wir müssen darüber hinaus anderen Erwachsenen ein Beispiel geben, indem wir jungen Menschen in unserer Nachbarschaft Lehrer sind, in Worten und in Taten. Die Indianer haben es so wundervoll in Worte gefasst, wenn sie sagen, dass wir alle Eltern sind für alle Kinder der Welt. Wir sind gesegnet mit erworbenem Wissen und es ist unsere Pflicht und unsere Freude, mit der nächsten Generation unser Wissen zu teilen.

Wenn Sie nach einer neuen Herausforderung suchen, die Sie meistern möchten, lassen Sie mich Ihnen den folgenden Vorschlag machen, es ist vielleicht die wichtigste Aufgabe, die Sie sich überhaupt vornehmen können. Reservieren Sie an jedem einzelnen Tag eine bestimmte Zeit – und seien es nur fünf Minuten – für Kinder. Stellen Sie sich auf die Kinder ein und sehen Sie, was Sie ihnen aus Ihrem großen Vorrat an Weisheit, Wissen, Liebe und Wertschätzung bieten können.

Beschränken Sie diese Art der Achtsamkeit nicht nur auf Ihre Beziehung zu Kindern. Es ist genauso wichtig, dass wir uns regelmäßig mit anderen Erwachsenen austauschen, sodass persönliche Entwicklung als ein gemeinsames Gut verbreitet wird und in jedem von uns der Antrieb zu ungezwungener Perfektion und anmutiger Leistung in den großen und kleinen Dingen des Lebens gefördert wird.

Letztlich ist jeder von uns sein eigener Meister. Wir führen uns selbst und andere durch neue Lernschritte. Wir üben uns auch in Bescheidenheit und lernen von anderen. Auf diese Weise wecken wir unaufhörlich neue Einsichten in uns und anderen, mit denen wir uns austauschen – und so werden wir in jedem neuen Augenblick neu geboren.
In einem der Lieder Bob Dylans gibt es eine Zeile, die mir in diesem Zusammenhang immer in den Sinn kommt – »He not busy being born, is busy dying.« Wer nicht damit beschäftigt ist, geboren zu werden, ist damit beschäftigt zu sterben. Ständig neu geboren zu werden in neue Welten und neue Bereiche des Bewusstseins ist sicher eines der höchsten Ziele aller wahren Meister.

Wie ist es mit Ihnen? Stehen Sie an einem Punkt in Ihrem Leben, wo Sie nur wenig Wissen mit anderen teilen und kaum noch Neues lernen? Oder sind Sie bereit für eine unerwartete, neue Phase in Ihrem Leben, in der Sie lernend Ihren Horizont erweitern können? Verschließen Sie sich anderen Menschen, die von Ihnen lernen wollen? Oder sind Sie in einer Phase, in der Sie sich Zeit dafür nehmen wollen, mit anderen Ihr Wissen und Können zu teilen?

KAPITEL ZWÖLF

Willkommen im Leben!

Als ich vor einigen Jahren erstmals darüber nachdachte, ein Buch über die Kunst zu leben und das Entwickeln der eigenen Meisterschaft zu schreiben, sprach ich über diesen aufkeimenden Gedanken einen ganzen Abend lang mit einer guten Freundin, die mir mit ihren feinsinnigen Einsichten weit voraus ist. Sie war mit den meisten Kapiteln einverstanden. Als ich jedoch dieses abschließende Kapitel ansprach, lächelte sie sanft, wie unter dem Eindruck eines erheiternden Gedankens. Auf mein Drängen, mir zu sagen, was ihr durch den Kopf gegangen war, erzählte sie mir, sie hätte sich am Ende des Buches zehn völlig leere Seiten vorgestellt, weil es Bereiche gibt, die man nicht beschreiben, sondern nur erfahren kann.

Wir kommen immer wieder an einen Punkt, an dem uns Worte nicht mehr weiterbringen. Lineare Konzepte, die wir anwenden, wenn wir mit Worten kommunizieren, können das Reich des Geistes nicht beschreiben. Hier hilft meist nur noch ein direkter Kontakt mit einem Meister, um die feinstofflichen Aspekte der Meisterschaft zu erlernen. Ich stelle mich dennoch der Herausforderung, als Autor zumindest so gut zu sein, dass ich diesen Diskurs auch in Bereiche fortführe, die vielleicht normalerweise unbeschriebenen Blättern vorbehalten wären. Und ich habe ein gutes Gefühl dabei, da ich meine, dass Sie zu diesem Zeitpunkt bereits auf eine ganze Reihe von Erfahrungen zurückgreifen können, die Sie auf meine Anregung hin selbstständig ausgewertet haben.

Auf der Grundlage dieser durch Erfahrung gewonnenen Einsichten können wir uns nun gemeinsam den letzten Bereichen der Meisterschaft nähern. Was wir dazu brauchen, ist eine solide Basis, damit wir festen Boden unter den Füßen haben, wenn wir uns in die ferneren Regionen des Geistes wagen. Und diese Basis ist unser Atmen. Ich bin mir meines Atems bewusst, während ich dies hier schreibe, und Sie können sich Ihres Atems bewusst sein, während Sie dies hier lesen; und so überbrücken wir die Zeitspanne zwischen meinem Schreiben und Ihrem Lesen und können in diesem Moment zumindest annähernd Raum und Zeit miteinander teilen.

Gemeinsam sind uns auch unsere ursprünglichen, spontanen Reaktionen auf die Gegenwart, in der wir leben. Wir haben uns schon ziemlich eingehend damit befasst, dass der Impuls, Aufgaben zu bewältigen, universal ist; er ist unser ganzes Leben hindurch vorhanden und dient als ein Kontinuum, in dem alle menschliche Erfahrung in der ewigen Gegenwart aufgehen kann.

Und wenn wir uns noch näher mit den Gemeinsamkeiten befassen wollen, die uns hinsichtlich unserer Erfahrungen verbinden, stellen wir fest, dass es eine ganz besondere Kraft oder natürlichen Antrieb, wie immer Sie es nennen möchten, zu geben scheint, der uns alle beseelt, wenn wir uns erlauben, das Denken sein zu lassen und mit vollkommener Hingabe an einer beliebigen Aktivität teilzuhaben.

In einem ganz tiefen und wahrhaften Sinn ist dieses Gefühl des Eingehens in die ewige, vollkommene Zeit der eigentliche Kern jeder spirituellen Erfahrung jedes Menschen zu jeder Zeit und an jedem Ort dieses Planeten.

Alle großen spirituellen Traditionen der Welt haben, so gut sie es vermochten, von diesem mystischen Zustand des Bewusstseins gesprochen, in dem die Dimension der Zeit sich verliert und ein Gefühl der vollkommenen Harmonie und Verschmelzung mit dem Universum einsetzt.

Ich habe im Verlauf dieses Diskurses mein Bestes getan, um den Prozess und die Erfahrung von Meisterschaft ganz einfach und pragmatisch erscheinen zu lassen. Aber letztlich sind die erhabensten spirituellen Zustände genau das – sehr einfache, pragmatische Wahrnehmungen, die durch ihre äußerste Einfachheit und Natürlichkeit plötzlich in Kontakt treten mit der zugrunde liegenden vitalen Kraft, die alles Leben beseelt.

Wenn Sie den äußerst einfachen Vorgang beherrschen, sich der bei jedem neuen Atemzug durch Ihre Nase ein- und ausströmenden Luft bewusst zu sein und diese Wachheit beizubehalten, während Sie etwas anderes tun, wird jede Ihrer Handlungen zu einem vollkommenen Akt.

Ich bin überzeugt davon, dass Worte Ihnen den Weg weisen können hin zu dieser Erfahrung, die Sie dem natürlichen Antrieb zur Meisterschaft nahe bringt. Atmen ist ein so universaler und ununterbrochener Vorgang, dass es selbstverständlich wie die Luft geworden ist, die wir atmen, wie der Boden, auf dem wir gehen, wie die Feuer, die uns wärmen, und wie die Pflanzen, die den Sauerstoff erzeugen, den wir einatmen; befragen Sie einen Fisch über das Wasser – er wird nichts zu sagen haben.

Es ist also ein Sprung auf eine andere Bewusstseinsebene, bei jedem neuen Atemzug zu spüren, wie die Luft durch die Nase ein- und ausströmt, und sich diese bewusste Wahrnehmung zur Gewohnheit zu machen – meistens lachen die Leute mich

aus, wenn sie erstmals von dieser großen Aufgabe hören.
Doch ist es nicht der natürliche Antrieb zur Vervollkommnung, den wir suchen? Was beseelt einen Menschen, der plötzlich vor unseren Augen eine vollkommene Bewegung, einen vollkommenen Ton oder eine andere vollkommene Äußerung vollbringt? Was bewirkt diese Transformation gewöhnlicher Leistungen in Akte der Vollkommenheit? Woher kommt der Impuls, der uns aus unserem linearen Denken hinausführt und uns zumindest einen Moment lang die Erfahrung völligen Einklangs mit unseren Bewegungen und gleichzeitig mit der uns umgebenden Welt, mit unseren Gefühlen und dem unendlichen Jenseits gewährt?
Die Kunst, das Leben zu fühlen, bedeutet, bewusst und ohne Anstrengung zu atmen, den Atem frei fließen und gänzlich an der Realität der Gegenwart teilhaben zu lassen. Und weil er immer in Bewegung ist, sich immer in sein Gegenteil verkehrt, immer perfekt Schritt hält mit dem eigenartigen Fluss der Zeit im Universum, weil er unmittelbar und ausgeglichen ist, ist unser eigener Atem verbunden mit natürlichem Antrieb zur Vollkommenheit.
Ich erinnere mich an einen Satz von sechzig Tarotkarten mit dem Namen Morgans Tarot, der seinerzeit für viele von uns eine Fülle überraschender Einsichten bereithielt. Auf einer dieser Karten waren

verschiedene Sterne und Planeten zu sehen, die über den Himmel flogen, und die Unterschrift unter diesem Himmelsbild lautete: »Das Universum entfaltet sich nicht so, wie es sollte.«

Wenn wir ein Teil des Universums sind, untrennbar mit einem Größeren verbunden, dann ist das Universum nicht vollkommen, wenn wir es nicht sind. Und wenn sich das Universum nicht entfaltet, wie es sollte, was dann?

Und so sind wir wieder bei Jesus Worten: »Seid also vollkommen, wie euer Vater im Himmel vollkommen ist.«

Ich meine, dass diese Worte nicht konkret als Aufforderung gedacht waren, vollkommen zu werden. Ich sehe dahinter vielmehr eine Beobachtung: Wir sind vollkommen, so wie wir sind, weil es in Wahrheit in der Kontinuität des Universums keine Trennung gibt. Wenn dieses Universum vollkommen ist, dann müssen wir per Definition letztlich auch vollkommen sein.

In meinen Augen führt der Weg zur Meisterschaft über die Erkenntnis, dass wir in unserem natürlichen Zustand in der Tat vollkommen sind, so vollkommen wie der Vogel, der vor meinem Fenster durch die Lüfte fliegt, so vollkommen wie die alte Pfeilspitze der Maya, die auf meinem Schreibtisch liegt, so vollkommen wie der Anflug von einem Lächeln auf den Lippen meines Sohnes, das ich soeben beobachtete, so vollkommen wie Sie, während Sie gerade jetzt diese Worte lesen.

Wenn Sie in diesem Augenblick nicht vollkommen sind, besteht dann die Hoffnung, dass Sie es in Zukunft einmal sein werden? Wie kann etwas, das jetzt nicht vollkommen ist, es später werden?

Wenn wir verwirrt sind, sind wir »vollkommen« verwirrt. Wenn wir hoffnungslos viele Fehler haben, haben wir »vollkommen« hoffnungslos viele Fehler. Wenn wir nur ein Anfänger auf dem Weg zur Meisterschaft sind, sind wir nur ein »vollkommener« Anfänger auf dem Weg zur Meisterschaft.

Ich will darauf hinaus, dass Vollkommenheit unsere eigentliche Natur ist, da wir in der Tat ein integrierender Bestandteil dieses vollkommenen Universums sind. Ich weiß, dass es hierzu eine ganze Reihe theologischer Gegenargumente gäbe, aber ich führe hier keine theologische Diskussion. Im Zusammenhang mit Gott von Logik zu sprechen, erscheint mir ohnedies ein sehr eingeengter Blickwinkel für das Göttliche zu sein.

Worum es mir hier geht, ist, dass Sie eine klare Vorstellung davon bekommen, welche Einstellungen und Denkmuster hinsichtlich der Natur des Universums und Ihrer eigenen Existenz Sie vielleicht in Ihrem Kopf haben.

Wenn Sie letztlich genau in diesem Moment vollkommen sind, besteht die Kunst, das Leben zu meistern eben genau darin, dass Sie sich dieser Tatsache bewusst werden, dass Sie genau jetzt vollkommen sind.

Wir hegen große Bewunderung und Wertschätzung für die wenigen Individuen, die durch hartes Training bei olympischen Wettbewerben an fantastisch anmutende Leistungsgrenzen stoßen. Wir sehen in diesen wenigen Siegern die physischen Meister unseres Planeten. Doch vielleicht sind das einfach Menschen, die sich gnadenlos alles abfordern müssen, um zu entdecken, dass sie wirklich vollkommen sind. Sie können eine Meile so schnell laufen wie niemand sonst. Und dann kommt vier Jahre später ein anderer und läuft sie schneller. Also scheint es doch so zu sein, dass Vollkommenheit letztlich nicht dadurch erreicht wird, dass ein menschlicher Körper gegen die Uhr läuft.

Ich würde sagen, dass das kleine Mädchen, von dem ich in Kapitel drei sprach, wusste, was Vollkommenheit ist, als sie gerade erfolgreich ihre erste Schleife an ihrem Schuh gebunden hatte. Ich konnte es an ihrem Gesicht ablesen. Sie entdeckte in diesem Moment aufs Neue ihre wahre Natur.

Und so wie sie können wir alle willentlich unsere vollkommene Natur wieder entdecken, jedes Mal aufs Neue, wenn wir eine höhere Stufe in der Kunst, das Leben zu meistern, erreichen. Und auf diese Weise können wir in Berührung bleiben mit

der höchsten menschlichen Fähigkeit zu ewiger Glückseligkeit.
Es kommt nicht darauf an, was Sie konkret meistern möchten oder welche Stufe der Meisterschaft Sie zu einem bestimmten Zeitpunkt in Ihrem Leben erreicht haben. Was zählt, ist, dass Sie damit fortfahren, ganz bewusst Augenblicke der Hingabe an die inspirierende Kraft des Lebens herbeizuführen.
Wie wundervoll ist dieses Universum, das Menschen die Chance der Erleuchtung gibt – jedes Mal, wenn sie sich die Schuhe zubinden. Und wie schön ist dieser Planet, der uns Gelegenheit um Gelegenheit bietet, im täglichen Leben den erhabenen Zustand vollkommenen Handelns zu erfahren. Und was für merkwürdige Geschöpfe sind wir doch, dass wir so oft vergessen, an dieser Quelle der Inspiration, der Freude und der Gemeinschaft teilzuhaben.
Willkommen im Leben!

Kontaktadressen

John Selby kommt regelmäßig nach Europa, um Seminare abzuhalten. Nähere Informationen erhalten Sie bei der

Seminarorganisation Wolfgang Gillessen
Balanstraße 365
81549 München
Tel./Fax 089/68 07 07 02
E-Mail: WGillessen@t-online.de

Wenn Sie mit John Selby direkt in Kontakt treten wollen:
E-Mail: selby@aloha.net
Homepage: www.johnselby.com